泰州医药高新区（高港区）名镇名村志

TAI ZHOU YI YAO GAO XIN QU GAO GANG QU MING ZHEN MING CUN ZHI

大泗镇志

泰州医药高新区（高港区）大泗镇志编纂委员会　编

南京出版传媒集团
南京出版社

图书在版编目（CIP）数据

大泗镇志 / 泰州医药高新区（高港区）大泗镇志编纂委员会编. -- 南京 : 南京出版社, 2025. 1.

ISBN 978-7-5533-5130-8

Ⅰ. K295.35

中国国家版本馆 CIP 数据核字第 2024SC7708 号

书　　名	大泗镇志
编　　者	泰州医药高新区（高港区）大泗镇志编纂委员会
出版发行	南京出版传媒集团 南 京 出 版 社
社　　址	南京市太平门街53号
邮　　编	210016
联系电话	025-83283893、83283864（营销）　025-83112257（编务）

责任编辑	程　瑶
责任印制	杨福彬

排　　版	南京凯德印刷有限公司
印　　刷	南京凯德印刷有限公司
开　　本	787毫米×1092毫米　1/16
印　　张	16　　插页 20
字　　数	245千字
版　　次	2025年1月第1版
印　　次	2025年1月第1次印刷
书　　号	ISBN 978-7-5533-5130-8
定　　价	168.00元

序

经过镇志编委会全体工作人员近两年的努力，大泗镇第一部志书《大泗镇志》编纂出版。这是全镇人民文化建设中的大喜事，这是大泗镇历史的缩影，更是大泗镇未来的明镜。她必将为全镇物质文明和精神文明建设提供有益借鉴，必将为推动大泗镇科学发展、和谐发展、跨越发展提供有力支撑。

大泗镇历史悠久，文化灿烂。在这片神奇的土地上，汉唐时期就有人类栖息的足迹。镇内3处唐宋时期的文化遗址南唐末宋太祖赵匡胤涉足的金龙桥、南宋抗金英雄岳飞麾下霍姓军官驻守过的霍家堡、元末明初军官杨昇曾驻过兵的杨官营，彰显大泗镇文明根基久远。佴家庄战斗纪念碑、陈毅和张公任共商抗日大计遗址，更显大泗红色文化历史珍贵。根据大泗镇大部分族谱记载，我们的祖先多为明洪武初年苏南籍入本土定居者。先民到此开垦荒地，繁衍生息，从事种植、捕捞等生产活动，至今已有640余年。大泗人世世代代辛勤劳作，用智慧和汗水创造文明、发展历史，谱写了辉煌壮丽的诗篇！

大泗人杰地灵，物阜民丰。这里东邻南通，西通扬州，南达常州，北接盐城。阜溧高速穿境而过，与周边的京沪高速、盐靖高速互相联通。河道水渠连接成网，四通八达，田园肥沃秀丽，是著名的鱼米之乡，素有“大泗粮仓”之称。鸭子河畔风光秀丽，英雄土地钟灵毓秀。士农工商，人才辈出，人文荟萃，于斯为盛。济世善人陈介寿、丹青圣手陈玉章、名中医于振山、木偶大师钱时信、共和国少将谢家宾、抗美援朝英雄于文喜、物理学专家徐世良、中国好人钱维胜等杰出人才皆为大泗人的骄傲。在中国共产党的领导下，大泗人民继承光荣传统，团结一心，奋发图强，扎实建设美好家园，努力开拓光辉未来，厥功至伟，演奏出优美动人的乐章！

大泗上千年的文明史，承载着无数大泗先辈的智慧和汗水。以史为鉴可以知兴替，以人为鉴可以明得失。鱼米之乡历史悠，人文蔚起耀神州。千年遗址文明灿，万代传诗智慧优。鱼跃稻禾瑰十里，荷摇菱藕丽千秋。村仙玉阁民殷富，强镇名星史册留。盛世修志，福慧双至，得益于当代，造福于后世。《大泗镇志》以翔实的资料，记录了大泗镇域自然与社会的变迁，记载了大泗人民在中国共产党的领导下，在新民主主义革命时期前赴后继、浴血奋战的英雄业绩，反映了中华人民共和国成立后社会主义革命和建设时期日新月异的风貌，彰显了厚重的人文历史和浓郁的风土人情。特别讴歌了改革开放和社会主义现代化建设新时期、中国特色社会主义新时代，历届党委、政府带领全体大泗人民团结拼搏、锐意进取、改革创新所取得的巨大成就。她是了解大泗、振兴大泗的指南，是鼓舞大泗人民、启迪大泗后昆的教本。

春风送暖，大地春回；明日泗水，风景更美。《大泗镇志》的付梓发行，必将为全镇经济的快速发展和社会事业的日益腾飞提供珍贵的资料。大泗的明天必将更加绚丽美好。是为序。

中共泰州市大泗镇委员会

泰州市大泗镇人民政府

2024年12月

《大泗镇志》编纂委员会

《大泗镇志》编纂人员

主　　编　丁怀伯

副 主 编　吉　园　杨小飞

编　　辑　刘东生　钱正宝　马永红　钱为农　袁来红
　　　　　田德祥　张　霞　邵粉兰　薛健祥　张淑涵
　　　　　孙沁怡　李滨滨　陈昊宇

图片编辑　丁怀伯　杨小飞

摄影供图　马　棉　吴慧敏　马　灵　钱正宝

初审单位　泰州市大泗镇人民政府

复审单位　泰州医药高新区（高港区）党史方志办公室

复审人员　邵釜明　卢　峰　查云富　俞德斌　高蓓蓓
　　　　　陈　丹　翟雅雯

终审单位　泰州医药高新区（高港区）党史方志办公室

终审人员　邵釜明　卢　峰　查云富　俞德斌　高蓓蓓
　　　　　陈　丹　翟雅雯

验收单位　泰州医药高新区（高港区）党史方志办公室

验收人员　邵釜明　卢　峰　查云富　俞德斌　高蓓蓓
　　　　　陈　丹　翟雅雯

批准出版单位　中共泰州市大泗镇委员会
　　　　　　　泰州市大泗镇人民政府

凡例

一、本志以马克思列宁主义、毛泽东思想、邓小平理论、“三个代表”重要思想、科学发展观、习近平新时代中国特色社会主义思想为指导，坚持辩证唯物主义和历史唯物主义的立场、观点和方法，客观记述大泗镇发展的历史与现状。

二、本志采用“名镇志”体例，重点记述大泗镇的“名”与“特”，传承历史文化，为实施乡村振兴战略提供历史智慧和现实借鉴。

三、本志记载上限尽力追溯至事物发端，下限为2022年。记述范围以2022年大泗镇境域为主。图照延至2024年。

四、本志采用纲目体，横排门类，纵述史实，述而不论。一般设类目、分目、条目3个层次。类目设置为大泗概览、镇村建设、特色产业、旅游开发、物产美食、精神文明、村落文化、风土人情、红色印记、大泗人物。

五、本志综合运用述、记、志、传、图、表、录等体裁，以志为主。使用规范的现代语体文和第三人称记述，行文朴实、严谨、简洁、流畅。选有地方特色、生活气息强、史料价值高的图片入志。表格统一编排序号。

六、“人物传略”记载本籍已故人物；“人物简介”记载大泗籍的在世人物；“名人履痕”收录有影响的客籍人物，主要记述其在当地的活动片段。

七、清代及其以前使用朝代年号纪年，括注相应的公元纪年。在同一条目中只首次括注相同朝代年号的公元纪年。中华民国、中华人民共和国采用公元纪年。凡未注明世纪的年代，均为20世纪的年代。

八、按照当时称谓书写各个历史时期的事物全称，如全称较长则在首次出现时括注规范的简称。直书人员姓名，必要时在姓名前冠以当时的主要职务、职称。

九、历史计量单位一般照旧记载。中华人民共和国成立后，采用国务院于1984年发布的法定计量单位；按社会习惯可使用亩、斤等非法定计量单位。

十、采用统计部门公布的数据，统计部门没有统计的则采用主管部门或主办单位正式提供的数据，各类数据一般保留到小数点后两位。

大泗镇在江苏省的位置图

内部用图

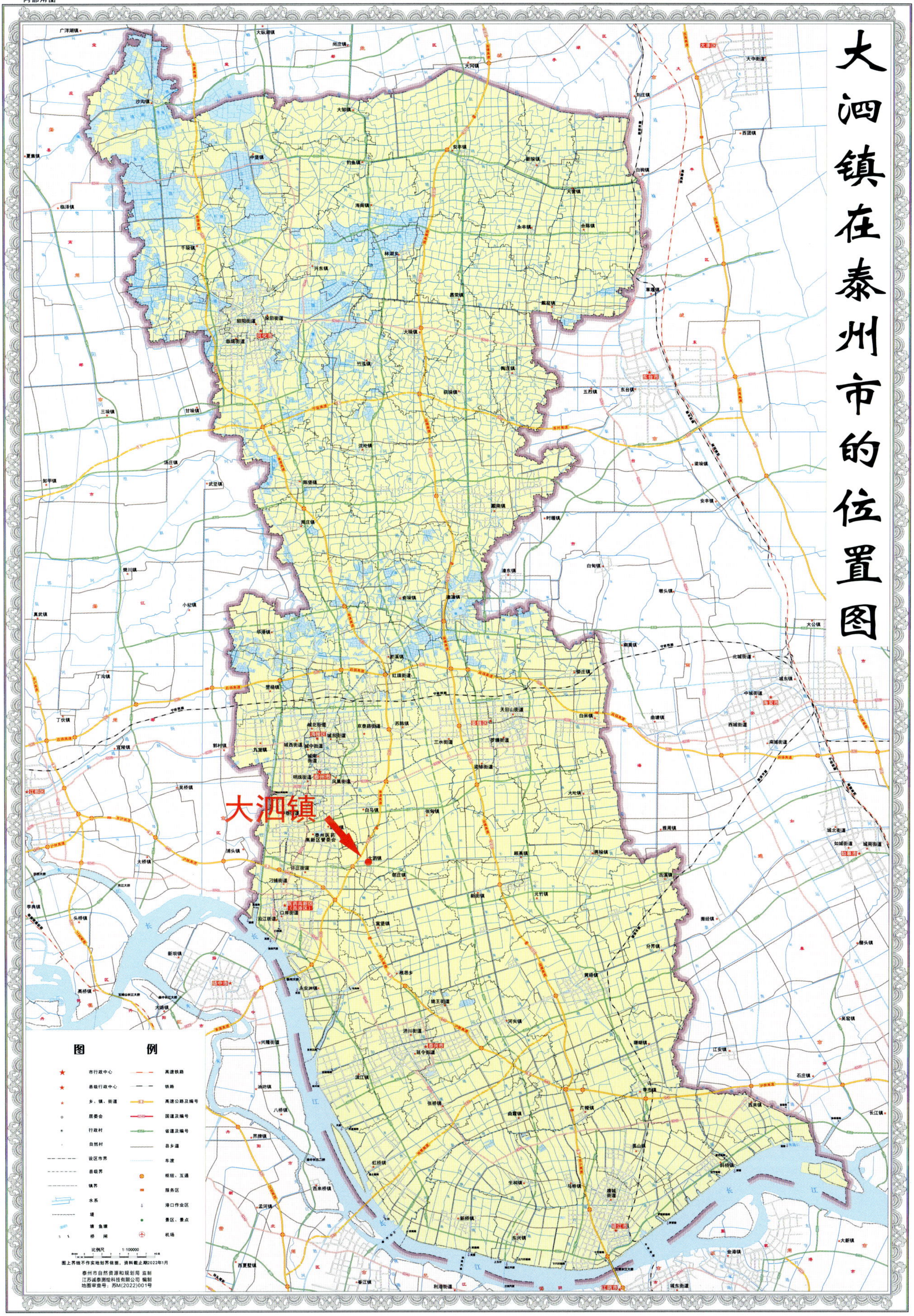

大泗镇在泰州市的位置图
大泗镇
图例
市行政中心
县级行政中心
乡、镇、街道
居委会
行政村
自然村
设区市界
县级界
镇界
水系
堤
塘 鱼塘
桥 闸
高速铁路
铁路
高速公路及编号
国道及编号
省道及编号
县乡道
车渡
枢纽、互通
服务区
港口作业区
景区、景点
机场
比例尺 1:100000
图上界线不作实地划界依据，资料截止期2022年1月
泰州市自然资源和规划局 监制
江苏诚泰测绘科技有限公司 编制
地图审查号：苏M(2022)001号

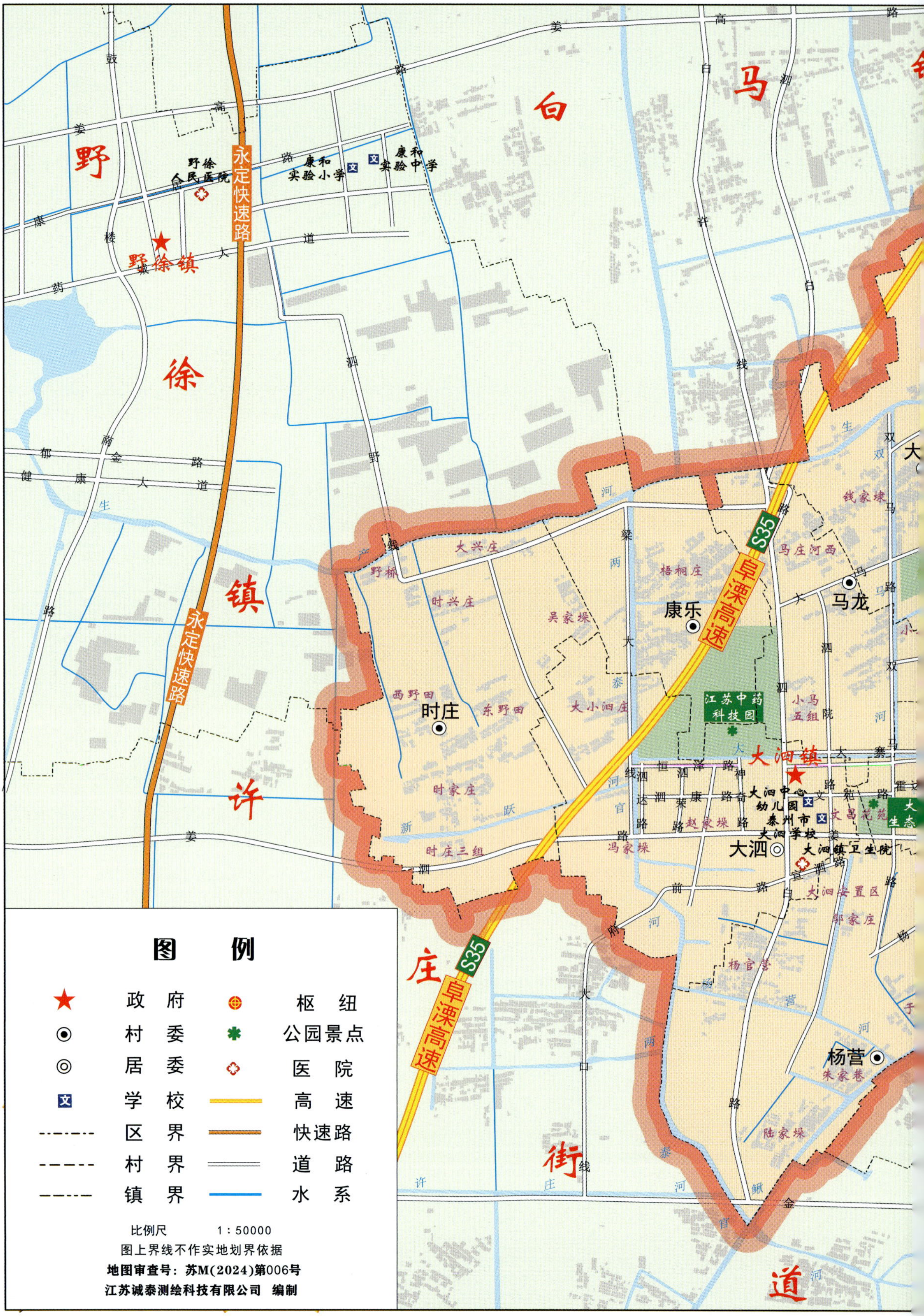

野徐镇
白马
野徐人民医院
康和实验小学
康和实验中学
野徐镇
永定快速路
姜高路
康楼大道
药城大道
郁金路
健康大道
南金路
泗野路
大兴庄
野杨
时兴庄
吴家垛
梧桐庄
康乐
马庄河西
钱家埭
马龙
西野田
时庄
东野田
大小泗庄
江苏中药科技园
小马五组
大泗镇
时家庄
新跃
时庄三组
冯家垛
赵家垛
大泗中心幼儿园
泰州市大泗学校
大泗
大泗镇卫生院
大泗安置区
郭家庄
杨官营
杨营
朱家巷
陆家垛
阜溧高速
S35
庄
街
道
许庄街道
图例
政府
枢纽
村委
公园景点
居委
医院
学校
高速
区界
快速路
村界
道路
镇界
水系
比例尺 1:50000
图上界线不作实地划界依据
地图审查号：苏M(2024)第006号
江苏诚泰测绘科技有限公司 编制

大泗镇地图

张
张甸镇
张甸中心小学
张甸中学
甸
镇
胡庄镇
胡庄中校
胡
庄
镇
北港
二陈
曹王
前进
佴陈
霍堡
佴庄
大泗佴家庄战斗纪念碑
北程家垛
麦港村
三港
张家垛
韩家垛
周家垛
东野田
曹河
陈十九组
二陈十八组
二陈十六组
二陈九组
二陈五组
前进九组
前进八组
凤凰地
福胜庄
沙港
路子上
王家垛子
王家庄
霍堡后庄
霍堡前庄
佴家庄
佴庄东野田
佴野田
佴庄南野田
参鱼汪

大泗镇党群服务中心（2023年摄）

景观字雕“大泗全国文明镇”（2023年摄）

大泗镇集镇区一角(2023年摄)

江苏中药科技园（2024年摄）

大泗镇文昌花苑生活小区（2024年摄）

XFCB

泗水年华科普研学基地和大泗镇生态公园（2024年摄）

江苏省特色田园乡村——霍堡村（2024年摄）

大马水生植物园（2020年摄）

江苏西来原生态农业有限公司（西来原生态农场）（2024年摄）

江苏省特色田园乡村——霍堡村入口处地标（2020年摄）

江苏西来原生态农业有限公司（西来原生态农业园）养羊场（2023年摄）

泰州市大江禽业有限公司生物鸡舍（2024年摄）

江苏沃田生态农业科技有限公司养牛场（2023年摄）

江苏光耀演艺装饰工程有限公司（2024年摄）

江苏三木页岩气高压软管有限公司（2024年摄）

江苏兄弟彩印包装有限公司（2024年摄）

泰州市美诺医疗器械有限公司（2024年摄）

阜溧高速大泗入口（2023年摄）

阜溧高速大泗服务区（2024年摄）

大泗镇老泗白路、新泗白路、跨境阜溧高速（2024年摄）

大泗烈士陵园内新建的佴家庄战斗纪念碑（2019年摄）

大泗镇大寨河（2023年摄）

大泗镇二陈村一角（2022年摄）

大泗镇泗水年华乐动田园（2023年摄）

大泗镇二陈村露营基地（2022年摄）

大泗镇绿源农贸市场(2023年摄)

大泗镇老年管弦乐队在倡陈村“幸福家园”演奏(2024年摄)

大泗镇大马村乡村大舞台（2017年摄）

大泗镇老年人文艺汇演（2023年摄）

在大泗镇举办的2019泰州·高港农民丰收节（2019年摄）

大泗镇第一届“泗”水奔腾杯乒乓球友谊赛（2024年摄）

目　录

泗水年华　春晖大泗

大泗，古称泗水，是江苏省泰州市城郊东南部一个千年乡镇，素有“粮仓”和“商埠”之称。明万历三十二年（1604），始现“大泗”记载，一直沿用至今。大泗历史悠久、名人辈出、经济昌盛，是著名的商贸、养殖种植、中草药科技、旅游观光重镇和全国文明镇。“胜日寻芳泗水滨，无边光景一时新。等闲识得东风面，万紫千红总是春。”南宋哲学家、文学家、诗人朱熹的《春日》，正是对当今春意盎然、美丽富饶的大泗镇的生动诠释。

往事越千年

绵绵的风雨悄悄地走，从唐宋的月夜走进明清的晨曦，长长的鸭子河水静静地流，河道刻痕深深，是大泗的历史数轴。

大泗自古为兵家必争之地。曾经，这里鼓角争鸣，刀光剑影。宋金两军在长江北岸泰州对峙，北部为金兵阵营，南部为宋兵营寨。元末明初社会动荡，朱元璋令镇江防守官杨昇亲率马步军丁屯田，镇守泗水镇一村庄（后称杨官营，即今杨营村）。明嘉靖三十九年（1560），军事家、文学家唐顺之（祖籍所在地为今野徐镇唐家社区）率军在域内两泰官河抗击倭寇。抗日战争时期，新四军领导人陈毅与国民党泰州驻军代表张公任在大泗共商抗日大计。解放战争时期，大泗儿女与华东野战军部队共同浴血奋战，谱写了可歌可泣的篇章。解放大军南下时，大泗数千民工肩挑手推支前……白露轻霜，在水一方，静悄悄的鸭子河水，满是历史的波光；蒹葭泽国，温柔泗水，饱含历史的沧桑。

鸭子河水流淌到域内的大马庄，驻足在一座石桥畔，石桥的名字叫金龙桥，因纪念宋太祖赵匡胤过境而命名。赵匡胤曾与南唐驻泰州守将陆孟俊交战，获得大捷。

大泗的兴盛始于明末清初，这个离长江仅一箭之遥的重镇成了长江北岸的一颗明珠。这里土地肥沃、雨水丰沛、物产丰富、交通便利，手工制造业发达、商贸活跃、酒坊勃兴、染坊红火，家家会纺棉、户户会打鱼，成为鱼米之乡、棉布之府、通商之镇，富甲江北一方。但随着清末内忧外患，大泗日趋衰败，加上屡遭兵灾，大泗走向沉寂。

民国时期，大泗饱受战争之苦，屡遭兵匪洗劫之难。1940年，日军进攻泰州，大泗沦陷，日伪军在大泗建碉堡据点多处，烧杀抢掠，杀我同胞数十人，大泗一片殷红呜咽。解放战争时期，域内碉堡林立，岗楼据点遍野，兵匪横行，民不聊生。千年的古镇，起起落落，是斑斓历史的一道景，也是多难民族的一处痛、风雨江北的一抹愁。

为有牺牲多壮志，敢教日月换新天。大泗儿女积极响应中国共产党的号召，投身于抗日战争、解放战争。他们打日寇、除汉奸、惩恶霸、拔据点、搞土改、支援人民子弟兵，建立红色政权和民主政府；他们英勇奋斗、抛头颅、洒热血，使家乡获得解放、人民获得新生。域内先后涌现出沈文镜、程泽、于宗珠、钱宝春等70多名革命烈士。大泗佴家庄战斗纪念碑，是几十位在战斗中牺牲的烈士用鲜血铸成的。

中华人民共和国成立后，大泗儿女积极投身于社会主义革命和建设事业。他们大显身手，率先建立起泰县乡镇中的商贸重镇、农业生产重镇。在改革开放和社会主义现代化建设新时期，大泗人与时俱进，锐意进取，大力发展传统产业，提升市场竞争力。在中国特色社会主义新时代，域内逐步形成三大经济支柱产业：养殖种植业、中药康养业、旅游服务业。至2022年，大泗镇已建成一个政通人和、经济发达、环境优美、繁荣富强的全国文明镇。

商贾繁华地

大泗在清朝和民国期间就以商贸发达著称。清代，大泗作为古城泰州东南部的重镇，不仅是名公巨卿、文人学士荟萃之所，还是小民生聚、百货云集的市井繁荣之地。当时，大泗水网密布，桥梁栉比，水上交通十分便利，舟运是大泗人常见商运方式。镇外的船可以直抵镇内交易，清人对此一咏三叹，如大泗沈氏文人有诗云："百货随潮船入市，万家沽酒户垂帘。"又如民谣"卖不了的到大泗，买不到的到大泗"。

清朝中期，大量人口从农业生产中分离，从事工商业活动，就连妇女也有不少走出家门，投身商贸。发达的商业贸易活动，促进了大泗及其周边的发展。

中华人民共和国成立后，大泗商贸进入了新的发展时期。供销服务网点从集镇区下沉村庄，确定农历每月逢二、五、八日为集场日。20世纪60年代，大泗成为周边乡镇中最大的生猪收购市场和仔猪交易场所，"小猪市"设了四五个场所。每逢集场，十里八乡来此赶集的达数千人。方圆几十里的乡镇都将生猪运到大泗出售，一时出现"百猪随车入，小猪满地跑"的场景。改革开放后，大泗的商贸服务业发展迅速。在此期间，拥有130多年历史的宰牛业兴旺起来，特别是霍堡村，养牛、宰牛、牛肉加工一条龙服务，牛肉系列产品供不应求。进入21世纪，大泗镇出现了商贸兴盛、烟火繁华的景象，镇内接待外来客商的宾馆酒店陆续兴办。坊巷之间，诸如粮油加工店、家禽食品店、牛羊肉食品店、土特产食品店、农场产品店比比皆是。集镇上，长达4里的东西街区内，小酒馆、面店、水果店、生活资料门市部、日杂品店、超市、大酒店、夜市摊点星罗棋布，烟火极盛。

生态养殖乡

千年荒涂一朝绿，放眼皆是养殖场。生态养殖在大泗有悠久的历史，既是传统产业，也是经济支柱产业。

明清时期，商贸发达的大泗生态养殖即盛行，家家有牲圈，户户闻鸡鸣。大泗不仅是养殖家畜家禽的重镇，也是水产养殖和其他生态培育物产之乡。改革开放后，生态养殖业逐步成为大泗的经济支柱产业。大泗人与时俱进，瞄准广大的市场，对生态养殖进行升级转型，从传统单一的家畜家禽养殖，转向多元化、高效规模化、市场化养殖。政府和有关部门出台一系列对生态养殖产业的支撑政策，并进行技术引领和资金扶持，先后建起一个个养殖场。至2022年，大泗镇有规模较大的家禽养殖场5个、牛羊猪养殖场8个、屠宰加工场3个，培育有机粮食作物、水果种植基地和蔬菜综合性农场十多个，基本上达到村村有养殖场、组组有专业户。镇内形成东有“前进”养鸡、西有“康乐”养兔、南有“佴庄”养羊、北有“大马”养鹅、中有“霍堡”养牛（宰牛）的养殖特色。

在众多的养殖专业户中，西来原生态农场、垄上行有机农场、大江家禽养殖场、三福水产养殖场、大马水生植物园、佴庄村波尔山羊养殖场等成为养殖业中的翘楚。西来原生态农场生产的“银杏鸡”“银杏蛋”畅销省内外，并已进入国际市场。垄上行有机农场生产的“大泗乡情”“挺自然”品牌有机大米供不应求。佴庄村的波尔山羊成为欧美国家生物制药的原料抢手货。霍堡村生产加工的牛肉成为大泗人的乡愁。

生态养殖的发展壮大也进一步重塑了乡村环境。当人们走进西来原生态农场时，不但可见满园的松竹桃李，还可见芳茗果蔬。从高处俯瞰，园内花草遍野，果实硕硕，似一座花果山。当人们走进霍堡村肉牛文化历史博物馆参观时，会被肉牛生产的历史文化、屠宰生产制作的技艺、牛肉销售的业绩所震撼。域内流传乡语曰：“天下佳牛肉，古今推霍堡。”

中药康养镇

大泗的中医文化、中药文化、康养文化源远流长，老中医、老药铺、老寿星众多，历史上曾出现“一街十六药铺”“小满田塍寻草药，拿药便往大泗庄”的盛况，如今是“大泗药草景悠然，笑语欢歌成一片”“田间遍野小花开，锦绣江山任意栽”。

明末清初，大泗中药康养业开始兴起。据大泗于氏、叶氏和沈氏家谱记载，三大姓氏共有3人做过明清宫廷御医，有4代行医之家，有6人年逾90岁。清末，大泗中草药种植、研制远近闻名，民间传闻“百花飘尽桑麻小，来路风吹佴家庄”。民国期间，由于战争不断，民不聊生，中药康养业一度萧条。中华人民共和国成立后，人民的生活水平不断提升，中药康养产业又开始振兴。

园里千红花竞艳，庭中万紫草争芳。2008年大泗镇划归高港区管辖以来，以中药康养特色小镇建设为核心，重点发展中草药种植业，综合中国医药城、扬子江药业等区域资源，融入泰州“医药养游”大健康产业链。大泗镇立足自身特色，与泰州其他地区错位发展，依托中草药种植和医疗器械，主打中药康养服务，带动骨科医疗器械产业、康养商贸服务业、康养旅游等产业发展；组建中药材种植合作社，为农户提供中药材种苗以及标准化种植技术，吸引周边农户种植中草药，夯实中药康养的产业基础。

创新驱动擎活力，兼容并蓄注生机。大泗镇与江苏农牧科技学院、南京农业大学、南京中医药大学等高校合作，引进药用农业和康养科技，共建江苏中药科技园。多所高校在园区建立中医药研究基地，在实践中教学，在教学中推进中草药种植业发展。大泗镇依托规模化的中草药种植基地，开辟中药加工区域，吸引医药加工企业入驻；同时组建专业招商团队，吸引贝尔泰克医疗器械、美诺医疗器械等医疗器械龙头企业入驻，提高医疗器械产业竞争力。围绕中药康养科技园和医药产业加工区，结合大泗镇悠久的商贸文化、中药商贸文化街区和康养配套服务区，配套建成中药康养馆、中药文化馆、医疗器械展示厅、特色商铺、民宿、养生养老服务中心等具体项目，全方位地满足消费者和当地居民对中医药康养服务的需求。

共融共生创佳绩，产企融合新蝶变。至2022年，镇内种植中草药5000多亩，有中药加工制造企业20多家、中药研发科技机构5家、中药康养文化馆3所、医疗器械制造企业十多家。中药康养产业产品年销售额达十亿多元，中药康养产业成为大泗经济支柱产业。

山深草药留今汉，陂倚桃梅忆古秦。大泗镇通过重振中药康养产业雄风，助推乡镇经济持续快速发展。几番风雨，几经苦战，大泗镇已成为江苏中药康养重镇，开发创新前沿。正可谓“养生医道藏玄妙，开辟神农新纪元”。

此处胜江南

莫道江南花似锦，泗水风光胜江南。大泗美，美在水。千年的鸭子河是大泗人的母亲河，它和两泰官河、西干河、前进河等纵横交错，使大泗镇四水环绕，镇在水中、水在镇中。域内每条河水，片片清澈见底，仿佛是一面面镜子。水里倒映着青青的草坡、蓝蓝的天，还有美丽的花儿。河边还常有一群小孩在嬉戏玩水，喜笑颜开。农庄的人，个个朴实，他们辛勤地耕耘着，胸怀“一分耕耘，一分收获”的希望。

大泗的村庄是美的。从镇中心出发，条条宽阔的柏油公路可直通各个村庄，道路两旁栽着柳树，碧绿柔软的枝条随风飘动，真是万条垂下绿丝绦。一盏盏的路灯像哨兵，立在路旁。一座座别墅宽敞明亮，装修得典雅大方。农家小院，外墙上的彩绘仿佛给住房添上了新妆。房前屋后，朵朵粉红的桃花缀满枝头，一簇簇，一树树，宛如红霞飘落，彩雨缤纷。微风过处，清香沁人肺腑。这里没有城市的喧闹与车水马龙，宁静干净，总能听到鸟儿清脆的叫声。

大泗的田野美不胜收。春暖花开时，有绿油油的蔬菜，还有盛开的一朵朵菜花，五颜六色，色彩斑斓，像是许多彩色的小精灵。风儿吹过，彩色的小精灵乐得手舞足蹈，远看就像是一片彩色的海洋泛起了波浪。夏秋时节，田野里好一派丰收景象，小麦羞红了脸，稻穗笑弯了腰，玉米穿上金色的纱衣，在田间翩翩起舞……

大泗镇内景点多，最美大马水生植物园。大马水生植物园占地面积300多亩；高低不平的草滩上嵌着一洼洼清亮的水，水面映出太阳的七彩光芒，就像神话中的宝镜一样。花开时节，游人如织，微风吹起，荷花翩翩起舞，芬芳沁人心脾。

大泗的美是自然的美、生态的美、环境的美、人文的美。大泗是天界馈赠的一幅水墨画，飘落在泰州城东南隅，让游客流连忘返，让居民快乐悠然。

大泗的美才刚刚开始……

大事记

唐

武德七年（624）

域内称“四水垛”“泗水”，隶属海陵县。

南唐

保大十四年（956）

后周将领赵匡胤率军从域内经过，与南唐驻泰州守将陆孟俊交战，获得大捷。

北宋

乾德二年（964）

域内隶属泰兴县柴墟镇。

南宋

建炎和绍兴年间

宋金两军在长江北岸（含域内）对峙交战。

建炎四年（1130）

通泰镇抚使岳飞麾下霍姓军官屯兵域内抗金，所在村庄后称霍家堡。

元

大德二年（1298）

七月，暴风，江水大溢，高四五丈，漂没庐舍，受灾几十户。雨雹兼发，死溺者数十人。

明

洪武年间（1368—1398）

大批居民迁移域内，域内始称泗水镇。

洪武十四年（1381）

镇江指挥同知官杨昇率官兵屯田，镇守杨官营（今杨营村）。

正统三年（1438）

泰兴官府疏浚域内鸭子河。

嘉靖三十六年（1557）

域内始称大泗庄，隶属泰兴县顺德乡。

万历三十二年（1604）

《泰州志》面世。其中，“四境图”和“乡都”中有大泗庄、佴家庄、于家庄、霍家堡、杨官营等地名。

崇祯十三年（1640）

四至七月，不雨，域内河竭无禾，人相食。

清

雍正十三年（1735）

泰兴县设四辖，域内隶属口辖。

乾隆五十年（1785）

大旱，蝗。无麦无禾，河港尽涸。民大饥。米石价十千，麦石价五千。

嘉庆元年（1796）

乡民陈惟治捐款建陈氏祠堂两进十间，建路道、河坝十多处。

嘉庆十六年（1811）

泰兴知县朱一慊捐银300两疏浚域内鸭子河。

道光十二年（1832）

春，大饥，斗米钱五百，民食榆皮、草根及观音粉，饿殍载道。

道光十三年（1833）

因受道光帝褒扬，在域内杨官营建杨氏李老孺人节孝坊碑。1957年拆除。

咸丰二年（1852）

夏，地震。

咸丰十年（1860）

乡民王树林捐银在域内建桥，称王树林桥。

同治元年（1862）

泰州一带发洪水，大泗庄乡民陈介寿捐银500两，购牛数十头，资助大泗庄贫困乡民。

光绪四年（1878）

域内钱氏在金龙村建钱家祠堂。后于1921年新建钱家祠堂大厅。

光绪二十四年（1898）

春，大雪，深数尺。

夏，大雨伤苗。

光绪二十六年（1900）

大泗庄延寿庵和6户民房失火尽毁，乡民于万松带头捐款捐物，组织乡民重建家园。

中华民国

1912年

泰县设8市40乡，大泗乡是其中之一。

1917年

大泗庄于殖(字海珊) 等人投资14万银元，购置发电机一台，在泰州城东大桥开办泰县振泰电灯股份有限公司。

1927年

实行县乡建置，设大泗乡，隶属泰兴县。

1929年

大泗乡隶属泰县第三区（区公所驻塘湾）。

1934年

大泗设镇，隶属泰县第二区（区公所驻寺巷口）。

1939年

5月，国民党泰州城防司令李明扬麾下陈才福部建立大泗据点。1947年7月，据点被新四军平毁。

1940年

9月，新四军领导人陈毅在大泗庄与国民党苏北游击总指挥部第三纵队司令张公任晤谈联合抗日。

1941年

2月，大泗沦陷，日伪军筑据点驻军。

4月5日，泰县抗日武装袭击大泗庄汪伪据点。

1943年

3月，域内成立中共地下组织。

5月，新四军游击连连长叶明章到大泗庄侦察敌情，抓“舌头”获取情报。

1944年

11月1日，泰县独立团配合苏中三分区特务营伏击大泗庄换防伪军，全歼伪军1个营，毙伤伪军30多人，生俘伪营长李霖和部下200多人，缴获炮9门、机枪9挺、长枪300余支、弹药2万余发。新四军无一伤亡。

1945年

3月26日，在新四军宣堡、口岸、塘湾等区中队围困下，驻大泗伪军孙良诚部1个团被迫从大泗据点撤至刁家铺。

4月初，抗日民主政府口岸区区长和新四军武装连连长组织军民拆毁大泗敌据点，周边4个乡5万多群众放鞭炮庆祝胜利。新四军《苏中报》于4月20日进行报道。

1946年

2月，国民党泰县保安大队某中队建大泗据点。8月，据点被新四军平毁。

3月，国民党整编第83师某营建大泗佴庄据点。7月，据点被新四军平毁。

5月20日，大泗开展土地改革。

7月13日，为了给苏中战役之宣泰战斗创造有利条件，新四军第7纵队59团主攻国民党大泗佴家庄据点，战斗至15日。后因敌援兵增至万人，新四军主动撤出战斗。

8月，大泗掀起参加新四军的热潮，先后有30多人参加新四军。

9月18日，新四军苏中军分区攻克泰州东南何家庄、大泗庄等8处敌据点。

1947年

1月，中共塘湾区委副书记赵莹深入陈庄、大泗庄等地开展革命活动。

2月，国民党泰县保安团某中队建大泗桥南据点。8月，据点被新四军平毁。

3月，民主政府设大泗区，隶属泰兴县。

9月21日，驻扎大泗曹于乡的国民党泰县二区常备二中队中队长朱恒朗率队，到小马庄抢掠，被解放军泰兴县独立团伏击于大泗金龙桥、彩凤桥一带。仅5分钟，敌军死30人，伤6人，被俘32人，被缴机枪、长枪40多支，子弹2000多发。泰兴县独立团无一伤亡，解放军苏中军分区传令嘉奖。

10月19日，解放军苏中军分区特务1团攻克大泗国民党据点，歼敌1个中队，俘敌100多人，缴获机枪、步枪60多支。24日，国民党军重新侵占大泗。26日，解放军苏中一团袭击大泗国民党军，歼敌十多人。

1948年

3月，民主政权口岸区及塘湾区游击连组织数千群众拆毁口（口岸）泰（泰州）姜（姜堰）大（大泗）道路、桥梁交通线、电话线，敌军交通通信中断。

4月6日，泰州国民党守军及自卫队4000多人扫荡，清剿塘湾、大泗一带，烧毁民房500多间，抓壮丁30多人，杀害群众8人，奸淫妇女多人，致使4000多名贫民无家可归。

5月，国民党泰县保安团某中队建大泗冯家据点。10月，据点被解放军平毁。

1949年

1月22日，大泗解放。

1月25日，中共泰兴县委接管大泗。

4月10日，渡江战役前，大泗境域驻有万名解放军战士。为支持渡江战役，大泗出动民工200多人、船只数十条。

6月，大泗镇、佴霍乡划归泰县。

7月，撤销大泗区，改设大泗镇，隶属泰兴县宣堡区。

中华人民共和国

1949年

12月，泰县新华书店在大泗乡建立代销点。

1950年

5月，泰州、泰县合并为泰县，增设大泗区。

10月，泰州与泰县分治，大泗区属泰县，辖1镇14乡。

1952年

6月8日至7月2日，域内发生蝗虫灾害，庄稼受损严重。

1953年

3月，大泗区文化站成立。

8月，大泗民办初中补习班成立。

1954年

6月，入梅后连续降雨，田间积水达50多天，大泗2万多亩农田受灾，粮食减产。

1956年

2月，并区并乡，大泗设为乡，隶属张甸区。

1957年

10月，泰县全面撤区并乡，大泗仍为乡。

11月，曹于乡成立，次年5月撤销，并入大泗乡。

1958年

4月，大泗建电灌站。

8月20日，大泗农业中学成立，实行半耕半读。

9月22日，大泗乡改为大泗人民公社。当月并入张甸人民公社。

1959年

3月，大泗从张甸人民公社划出，成立大泗人民公社，隶属第二次两泰合并后的泰州县。

1960年

2月，泰州县由36个人民公社调整为33个人民公社，大泗为其中之一，辖15个生产大队、131个生产队。

3月，大泗建国营米糕店。

1962年

6月，泰县、泰州分治，大泗人民公社属泰县管辖，全社设30个大队、198个生产队。

9月，大泗受台风暴雨袭击，1万多亩农田受涝，冲毁河坝50多处，毁坏桥梁十多处，损坏房屋50多间。

1963年

域内开展平田整地运动。

1964年

开挖小庄河，西起两泰官河，东至扬子港，全长2.4千米。

1968—1969年

开挖大寨河，西起两泰官河，东邻张甸界，全长5.91千米。

1970年

各大队成立平田整地专业突击队，集中平整高垛田、低洼地，按土方记工分。

1971年

开挖西干河，南起鳅鱼港，北至白马界，全长6.2千米。

1971年

大泗新建成一座35千伏变电所，变压器容量为1800千伏安，建成后向大泗、张甸、白马、野徐4个公社输送10千伏高压电。

1972年

6月11日，龙卷风袭击大泗，域内电线木杆十多根受损，民房五六间倒塌。

1973年

泰黄线大泗域内220千伏带电操作双层四方板加固工程完成。

1974年

11月，开挖新跃河，东起两泰官河，西至许庄界，全长1.5千米。

1975年

社、队办厂兴起，大泗公社有社办厂8家、队办厂50多家，产品40多种。

1979年

6月23日夜晚，建桥工人俞圣银、孙兆林、沈元林等冒雨抢运集体化肥11吨，受泰县表彰。

1981年

8月，大泗中学高中停止招生。

1983年

7月，撤销大泗人民公社，建大泗乡，辖30个大队。

1985年

3月，大泗乡舞台用品厂成立。

1986年

3月21日，大泗乡教育办公室成立。

1989年

8月28日，大泗乡举办首届象棋赛，钱正宝、钱华分别获男子组、女子组冠军。

1990年

12月27日，大泗乡举行程泽烈士纪念碑揭牌仪式。

1995年

7月，大泗乡佴家庄战斗纪念碑落成。纪念碑位于佴庄村村口。

11月，大泗乡被评为扬州市体育先进乡镇。

1997年

9月，大泗乡组团参加姜堰市农民象棋赛，取得团体冠军，参赛人员获个人前三名。

1998年4月13日，大泗乡承办泰州市第二届农民象棋赛，取得团体第二名，参赛人员获个人第二名。

2000年

8月，大泗撤乡建镇。

2001年

3月，行政村合并，大泗镇辖12个村、200个村民小组。

2002年

大泗初级中学从大泗镇府前路迁至姜泗路北侧新校区，占地面积50亩。

2005年

8月，大泗初级中学与大泗小学合并，命名大泗学校。

2007年

11月17日，大泗籍运动员于锦获第九届世界武术锦标赛男子散打90公斤级冠军。

2008年

5月，大泗镇举行全民健身运动会，全镇2000多人参加了拔河、象棋、掼蛋、扛大米（50斤）100米跑、挑银杏、200米接力赛等项目。

8月，于锦获第四届世界杯武术散打比赛男子90公斤级冠军，是组建地级泰州市以来的第一位双料世界冠军。

9月，大泗镇划归高港区代管。

2009年

6月8日，江苏金鼎机械制造有限公司投资2000万元的特种除尘阀门项目落户大泗镇。

9月7日，大泗镇中心幼儿园大楼竣工并投入使用。该项目投资500万元，建筑面积2000平方米，按省优质幼儿园标准建设。

9月30日，大泗镇前进村卫生服务站于荣斌被卫生部评为2008年度全国优秀乡村医生。

11月，大泗镇正式划归高港区管辖。

2010年

3月3日，大泗镇召开集镇规划评审会，扬州规划设计院介绍规划前期调研和初步设想。2011年8月11日，《泰州市大泗镇总体规划（2010—2030）》通过专家论证。

7月，大泗镇瑞隆新能源秸秆固化成型项目投产。

9月19日，大泗社区成立。

11月6日，扬州大学和大泗镇佴庄山羊养殖专业合作社举行教学实习基地签约仪式。

2011年

3月5日，大泗镇宣传文化中心工程破土动工，2012年投入使用。

3月29日，江苏牧院中药科技园项目落户大泗，投资2亿元。

5月18日，高港区“强槐杯”农民象棋比赛在大泗镇举行。大泗镇参赛选手分获个人第一名和第四名。

5月22日，中纪委、中组部换届风气督导组到大泗镇指导工作。

6月20日，中国平安保险和中国青基会联合发起的“一次转发一瓶水”微博公益活动走进大泗学校。

7月16日，泰州市百姓名嘴宣讲队走进大泗镇，举行“忆党史、颂党恩”主题报告会。

9月2日，大泗镇农村资金互助合作社成立。

9月26日，泰州市供销产业园种养功能区项目建设及实施方案通过可行性论证。

9月29日，《江苏中药科技园总体规划》通过论证。

10月29日，大泗镇红十字会成立。

12月27日，大泗镇实现村村通公交。

2012年

9月28日，泰州圆融投资置业有限公司在大泗镇成立圆融助学基金会。

10月16日，泰州汽车南站至大泗镇的128路公交开通，线路全程22千米。

10月17日，大泗镇霍堡牛肉制作技艺入选高港区第二批非物质文化遗产名录。

11月6日，高港工商分局大泗工商所揭牌。

11月26日，大泗镇“政协委员之家”成立。

12月，胡庄镇杨营村划归大泗镇管辖。

2013年

5月24日，大泗镇组团参加高港区举行的党的十八大知识竞赛，大泗代表队获得第一名。

7月2日，大泗镇“泗水天香”牛肉获得“泰州老字号”称号。

8月20日，江苏省第三届农民读书节暨泰州市高港区“农家书屋·暑期乐园”现场活动在大泗镇举办。

9月20日，大泗中心粮库举行开工奠基仪式。该粮库是江苏省“十二五”规划建设的现代化综合性粮库建设项目之一。

9月27日，大泗镇与丹阳市延陵镇结为友好镇街。

12月29日，江苏中药科技园开工典礼在大泗镇举行。2016年10月3日正式开园。

2014年

5月30日，大泗学校举办以“携手庆双节，共圆中国梦”为主题的校园艺术节。

9月18日，高港区举办第三届“百姓名嘴”选拔赛，大泗镇钱正宝获一等奖。

9月30日，大泗镇组织开展首个烈士纪念日活动。

2015年

1月18日，大泗镇生态区建设通过国家验收。

5月20日，大泗镇组建群众艺术团。

2016年

7月9日，泰州市委书记蓝绍敏到江苏中药科技园调研特色小镇建设情况。

10月3日，江苏中药产业产教融合高层论坛在江苏中药科技园开幕。泰州市委副书记、市长史立军，江苏省农业委员会副主任、党组成员、省林业局局长、党委书记夏春胜出席论坛。

12月4日，江苏省书法院走基层暨创作基地在大泗镇举行揭牌仪式。

2017年

2月7日，由大泗镇人民政府主办、大泗医疗器械产业投资有限公司承办的大泗医疗骨科高峰论坛举行，达成5项协议。

5月23日，中国农民体育协会在江苏中药科技园举办2017年“激情领跑（牧院杯）”全国农民体育健身大赛。

11月3日，2017年泰州特色小镇宣传推介会在北京江苏大厦召开，大泗医疗器械有限公司与中关村医疗器械园有限公司签约。

2018年

1月24日，高港区2018年文化科技卫生“三下乡”集中慰问服务暨“大江儿女·最美人物”颁奖活动在大泗镇举行，16家部门（单位）向大泗镇捐赠20多万元现金和物资。

2月11日，高港区委、区政府表彰2017年度工作目标综合考评先进园区、镇街，大泗镇获评二等奖。

2月23日，高港区举办“春风行动——2018年高港区劳动力交流洽谈会大泗镇专场”。苏萨食品、鹏翎胶管等89家企业参加，共提供岗位2800个，现场达成就业意向662人次。

3月12日，由共青团高港区委主办、大泗镇承办的“同植共青树　绿满高港城”植树活动在大泗镇生态公园举行。

3月30日，大泗镇举办第三届大泗医疗骨科高峰论坛。来自全国各地的知名人士及企业代表共计600余人参加。大泗医疗器械集团与13个省、市第三方物流平台签约，并举办医疗器械经营自主研发软件发布会。

4月26日，大泗镇华斌农场购买无人机喷洒农药，开创镇内农场使用无人机喷洒农药先例。

6月7日，部分全国人大代表、全国政协委员调研高港区医改工作情况，实地考察大泗镇卫生院。

6月8日，大泗医疗器械集团举办医疗器械产品资源对接会。

7月12日，泰州市“市长杯”校园足球联赛举行，全市26支代表队参加。大泗学校足球队获初中组男子冠军、女子亚军。

7月25日，江苏省副省长陈星莺调研高港区卫生与健康事业改革发展工作，实地察看大泗社区卫生服务中心。

7月31日，大泗镇通过江苏省生态文明建设示范镇、村考核验收。

11月30日，大泗镇获评江苏省十佳休闲宜居小镇。

2019年

3月27日，江苏省政协副主席王荣平一行考察江苏中药科技园。

9月23日，“2019年泰州·高港农民丰收节”庆祝活动在大泗镇生态公园举办。

9月30日，大泗镇在新建成的大泗烈士陵园内举行佴家庄战斗纪念碑落成典礼。

11月25日，大泗镇便民服务中心投入使用。

12月7日，大泗镇获评2016—2018年度江苏省文明乡镇。

2020年

7月7日，大泗镇在全市乡镇创建文明城市测评中名列第一。

7月23日，江苏省民政厅在大泗镇召开困境儿童“精准排查与保障”试点推进会。

11月，大泗镇被评为全国文明镇。

12月14日，大泗镇“大泗良食、销稳致远”书记项目获评全市“十佳”书记项目。

2021年

3月25日，江苏省人大常委会副主任马秋林带队到大泗镇调研。

5月，大泗镇入选全国农村综合性改革试点试验乡村。

6月28日，泰州医药高新区、高港区实现融合发展，大泗镇隶属于融合后的泰州医药高新区（高港区）。

6月30日，大泗镇举行庆祝中国共产党成立100周年暨“两优一先”表彰会。

10月26日，大泗镇总工会获评江苏省五一劳动奖状。

2022年

1月，大泗镇获评2019—2021年度江苏省文明乡镇。

6月13日，大泗镇举办大马水生植物园开园仪式。

6月28日，泰州市委书记朱立凡到大泗镇走访慰问“光荣在党50年”老党员和困难党员。

7月12日，江苏省人大常委会副主任曲福田带队到大泗镇考察2022年“苏韵乡情”乡村休闲旅游夏季精品景点线路建设情况。

8月19日，江苏省委副书记、政法委书记邓修明到大泗镇调研基层社会治理工作。

9月1日，大泗幼儿园新园开园。

9月9日，中央电视台财经频道《生财有道》栏目以“乡村荷塘美 农家牛肉香”为题，推介大泗镇大马水生植物园农旅融合发展和牛肉集中加工区建设的做法。

10月29日，大泗镇通过全国农村综合性改革试点试验工作审评。

11月8日，泰州市委书记朱立凡到大泗镇督查文明城市创建工作。

12月，大泗镇入选江苏省第二批乡村治理典型名单。

第一篇　大泗概览

大泗镇属黄桥革命老区，地处泰州主城区东南十余千米处，其境域东、西、南、北分别与姜堰区张甸镇，泰州医药高新区（高港区）的许庄街道、胡庄镇、白马镇接壤。边域在北纬32° 20′ 4.26″—32° 25′ 0.16″之间，东经119° 57′ 9.54″—120° 03′ 0.72″之间。镇域面积37.76平方千米，户籍人口31870人。2022年，大泗镇实现地区生产总值13.35亿元，一般公共预算收入4171万元，进出口总额607万美元。大泗镇曾获评全国文明镇、江苏省文明乡镇、江苏省卫生镇、江苏省扫黄打非先进集体、江苏省信访系统人民满意窗口单位、江苏省乡村振兴先进集体等荣誉称号。

历史沿革

地名演变

大泗域内原是一片荒垛，垛上有两条河，交汇于垛的四周，形成一个“四”字，汉唐时称“四水垛”“泗水”，元末明初称“大泗”，沿用至今。

建置区划

大泗镇历史悠久。汉唐时期，大泗境域属海陵县。唐武德七年（624），域内称“四水垛”“泗水”。北宋乾德二年（964），域内属泰兴县柴墟镇。明洪武年

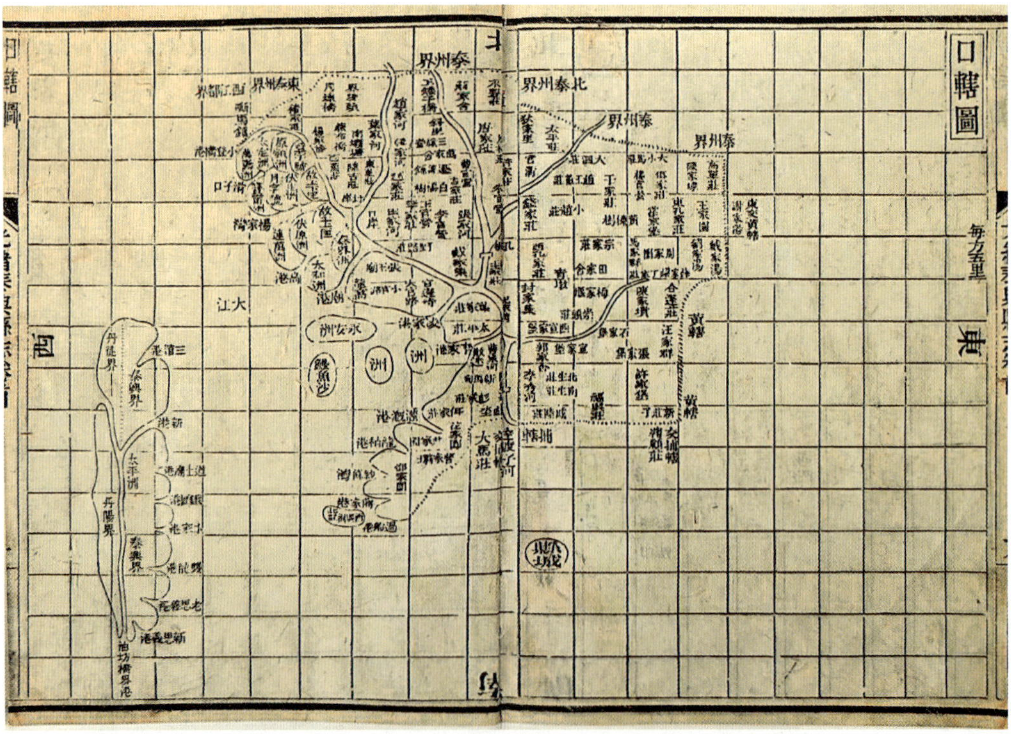

清光绪《泰兴县志》口辖图中有大泗庄等

间（1368—1398），大批居民迁移域内，域内始称泗水镇。嘉靖三十六年（1557），域内始称大泗庄，属泰兴县顺德乡。明万历《泰州志》中载有大泗庄、佴家庄、于家庄、霍家堡、杨官营等地名。清雍正十三年（1735），大泗境域属泰兴县口辖（今口岸街道）。清代，境域内有大泗庄、大小马庄、于家庄、陈家埭、佴家庄、杨官营、霍家堡等村庄。1912年，泰州改称泰县，辖8市40乡，其中之一为大泗乡。1929年，大泗隶属泰县第三区（区公所驻塘湾）。1934年，大泗隶属泰县第二区（区公所驻寺巷口）。1947年，民主政府将大泗划为泰兴县辖地，设大泗区。

1949年1月22日，大泗境域解放；7月，撤大泗区设大泗镇，隶属泰兴县宣堡区。

1950年5月，泰州、泰县合并为泰县，增设大泗区；10月，泰州、泰县分治，大泗区属泰县，辖大泗镇、佴霍乡、泗龙乡、双马乡、二陈乡、曹于乡、曹河乡、联朱乡、三彭乡、单野乡、岱北乡、龙河乡、褚野乡、解放乡、南塘乡共1镇14乡。1956年2月，撤区并乡，大泗乡隶属张甸区。1957年10月，泰县撤区，大泗仍为乡。1957年11月，增设曹于乡。1958年5月撤销曹于乡，并入大泗乡；9月22日，大泗乡改为大泗人民公社，当月并入张甸人民公社。1959年3月划出，仍为大泗人民公社。当年，泰州和泰县再次合并为泰州县。1960年2月，泰州县由原36个人民公社调整为33个，大泗人民公社为其中之一，辖大泗、时庄、野桥、康乐、马龙、大马、西陈、中陈、曹于、桥河、前进、东平、佴庄、佴陈、霍堡15个大队，131个生产队。1962年6月，泰州、泰县分治，大泗人民公社为泰县辖地。全社划设大泗、小庄、前时、时庄、三星、野桥、康乐、金龙、小马、大马、北田、三港、西陈、中陈、光明、周垛、曹于、红星、桥河、前进、河北、东平、东兴、南野、佴庄、双桥、佴陈、沙港、霍堡、永丰30个大队，198个生产队。1976年，增至200个生产队。

1983年7月，撤社建乡，大泗人民公社更名大泗乡，大队更名村，生产队更名村民小组，同时，时南村更名前时村，西陈村更名陈西村，光明村更名陈北村，红星村更名曹河村，前进村更名前程村，南野村更名佴南村，双桥村更名佴西村，永丰村更名小霍村。2000年8月，大泗撤乡建镇。2001年，行政村合并，其时共有大泗、时庄、康乐、马龙、大马、二陈、北港、曹于、前进、佴陈、佴庄、霍堡12个村，200个村民小组。

2008年9月，大泗镇划归高港区代管；11月，正式划归高港区管辖。2009年，大泗村改为大泗社区。2012年，胡庄镇杨营村划归大泗镇管辖，行政村和社区增至13个，村民小组增至232个。2021年6月，泰州医药高新区、高港区实现融合发展，大泗镇隶属于融合后的泰州医药高新区（高港区）。2022年，大泗镇设有1个社区（大泗社区）和12个行政村（时庄村、康乐村、马龙村、大马村、北港村、二陈村、曹于村、前进村、佴陈村、霍堡村、佴庄村、杨营村）。

社区、行政村

大泗社区

大泗社区位于大泗镇西南部，东至霍堡村，南至杨营村，西至时庄村，北至马龙村、康乐村，是大泗镇政府驻地。1958年，其境域称大泗大队。2001年3月，三星村、小庄村、大泗村泗水居委会合并成立新的大泗村。2009年10月，大泗社区成立。2022年，辖区面积3.4平方千米，有居民小组23个，户籍数1195户，户籍人口3801人。耕地面积2221亩。社区为党委建制，下设4个网格党支部，有党员123名。设立12个网格，有社区工作人员17人。社区有8

大泗社区（2024年摄）

康乐村党群服务中心（2022年摄）

处健身场所，每处占地面积约100平方米。社区图书室20平方米，藏书3000册。社区集体经营性收入259.54万元，其中经营性收入101.62万元，居民人均可支配收入2.5万元。大泗社区曾获评江苏省社区统计规范化建设千佳单位、江苏省民主法治示范社区、江苏省农村电子商务示范村、江苏省创业型社区。

康乐村

康乐村位于大泗镇西北部，东至马龙村，南至大泗社区，西至时庄村，北至陈家村，泰镇高速穿境而过。1957年前，其境域称梧桐庄。1958年，称康乐大队。1983年撤社建乡时，称康乐村。

辖区面积1.8平方千米，耕地面积1962亩，村民小组13个，户籍数539户，户籍人口1735人，流动人口537人。村为党总支建制，下设2个网格党支部，共有党员66名。设立3个网格，有工作人员11人。全村共有4处健身场所，每处占地面积90平方米。2021年11月，康乐村与南京农业大学、江苏大学、江苏省农科院、江苏省中医院等科研院所合作建立现代农业科研示范基地。打造475.05亩“活力精彩新省运，强富美高新江苏”主题麦画田园。2022年，村集体经营性收入158.39万元，村民人均可支配收入2.2万元。康乐村曾获评国家级综合减灾示范社区、江苏省人居环境示范村、泰州市休闲观光农业示范村。

时庄村

时庄村位于大泗镇西部，东至大泗社区，南至许庄街道赵王村，西至许庄街道官沟社区，北至野徐镇永新社区。清朝时，苏州阊门、镇江、扬中等地不少商人陆续聚集于此，摆摊设点，经营建材、日杂百货等商品，尤其是时姓商人生意兴隆，人们便把时姓所住的这片地方称作时庄。2001年3月，野桥村、前时村、后时村合并成立时庄村。

辖区面积3.59平方千米，耕地面积3214.95亩，村民小组21个，户籍数949户，户籍人口3083人，流动人口568人。村为党总支建制，下设3个网格党支部，有党员96名。设立6个网格，有工作人员13人。2020年，村委会引导村民创办、领办黑米种植集体经营项目，入库税金33万元。大力推广苗木种植、农场化稻麦种植。2022年，村集体经营性收入77.05万元，村民人均可支配收入2.1万元。时庄村曾获评江苏省和谐社区建设示范村、江苏省卫生村、泰州市全面小康建设达标村。

马龙村

马龙村位于大泗镇中部偏北，其南部毗邻大泗集镇区，北与白马镇陈家村接壤，东邻大马村，西至康乐村，泗白路和阜溧高速泰州段（泰镇高速）穿村而过。1958年，金龙庄与小马庄合并成立马龙大队。1962年，马龙大队拆分为金龙大队、小马大队。1983年，金龙大队改称

马龙村新时代文明实践站（2023年摄）

金龙村，小马大队改称小马村。2001年3月，金龙村、小马村合并成立马龙村。

辖区面积2.2平方千米，耕地面积1869亩，村民小组13个，户籍数504户，户籍人口1658人，流动人口35人。村为党总支建制，下设2个网格党支部，有党员50名。设立3个网格，有工作人员12人。

2021—2022年，马龙村小马片区打造“精致高新”建设示范村，清理维修排灌设施1200米，改扩建道路350米，新建路牙2000米，新建中药材烘干房912平方米，购置烘干机设备1套，建成智能育苗大棚1152平方米。马龙村实施人居环境微改造，新建400多平方米共享小屋，用于“民、法、警”一站式服务。2022年，村集体经营性收入210万元，村民人均可支配收入2.25万元。马龙村曾获评江苏省和谐社区建设示范村、江苏省民主法治示范村、泰州市“一村一品”示范村。

大马村

大马村位于大泗镇中北部，北与白马镇接壤，西、南、东分别与马龙村、霍堡村、二陈村、北港村相接。1957年前，称马庄。据马庄于氏家谱记载，明天顺八年（1464），于图东举家从延令（泰兴县城）西门北迁45里至大马村所在地定居，迁居时带一头骡，落脚地长有一棵树，形成拴骡桩，骡似马，故以“大马”命名其地。1958年，称大马大队。1983年撤社建乡时，改称大马村。2001年，大马村与北田村合并成立新的大马村。

辖区面积4.2平方千米，耕地面积

大马村地标（2024年摄）

2850亩。村民小组17个，户籍数739户，户籍人口2389人。村为党总支建制，下设2个网格党支部，有党员66名。设立4个网格，有工作人员10人。2017年以来，大马村建设水生植物园，走出一条“农、文、旅、养”融合发展之路。2022年，村集体经营性收入51.17万元，村民人均可支配收入2.4万元。大马村曾获评全国综合减灾示范社区、江苏省农村电子商务示范村、江苏省创业型社区（村）、江苏省卫生村、泰州市特色田园乡村。

北港村

北港村位于大泗镇东北部，东邻姜堰区张甸镇，西北接白马镇，西至大马村，南至二陈村。1957年前，其境域称陈家埭北荡。2001年3月，三港、陈北、周垛3个自然村合并成立北港村。

辖区面积约2.12平方千米，耕地面积3180亩。村民小组18个，户籍数737户，户籍人口2580人。村为党总支建制，下设3个网格党支部，有党员70名。设立5个网格，有工作人员13人。该村大力发展药草种植业和农副业，提升市场竞争力。2017年，村对8座桥梁进行环境美化，在二陈公路新砌80个花池，种植色块苗及海棠树美化环境。2022年，村集体经营性收入128.91万元，村民人均可支配收入2.1万元。北港村曾获评江苏省卫生村、泰州市先进社区、泰州市社会治安安全村（社区）。

北港村党群服务中心（2022年摄）

二陈村地标（2023年摄）

二陈村

二陈村位于大泗镇东中部，北至北港村，南至霍堡村、佴陈村，西至大马村，东至曹于村。1957年前，其境域称陈家埭。域内陈氏家谱记载陈家埭的庄名产生于明朝之前。1958年，陈家埭分设为中陈大队、西陈大队、陈北大队、三港大队和佴陈大队。1983年撤社建乡时，5个大队改为5个村。2000年，中陈村、西陈村合并成立二陈村。

辖区面积3.13平方千米，耕地面积4319亩。村民小组19个，户籍数769户，户籍人口2484人。村为党总支建制，下设2个网格党支部，有党员73名。设立7个网格，有工作人员13人。2021年，二陈村与泰州市垄上行生态农业有限公司实行村企联建，实施绿色有机稻米产业融合项目和大泗乡情智慧无人农场建设项目，打造综合性农场体验基地。2022年，村集体经营性收入101.34万元，村民人均可支配收入2万元。二陈村曾获评江苏省新型农村社会养老保险经办管理服务示范村、江苏省卫生村、泰州市全面小康建设示范村。

曹于村

曹于村位于大泗镇东北部，东至姜堰区张甸镇，南至前进村，西至二陈村，

曹于村党群服务中心（2022年摄）

北至北港村。由红星村、曹于村合并而成新的曹于村。1957年前，其境域称曹于庄。据该村于氏家谱记载，洪武十五年（1382），有于姓到此定居，得名于家庄，后有曹姓也到此居住，更名曹于庄。1958年，曹于庄分设为曹于大队、红星大队、前进大队、桥河大队4个大队。1983年，撤社建乡后，大队改为村。2001年3月，曹于、红星、前进、桥河4个自然村合并成立新的曹于村。

辖区面积2.48平方千米，耕地1965亩，村民小组15个，户籍数700户，户籍人口2339人，流动人口500人。村为党总支建制，下设2个网格党支部，有党员67名。设立5个网格，有工作人员11名。有小微企业6家，主要生产塑料制品、铝合金门窗。2022年，村集体经营性收入30.6万元，村民人均可支配收入1.8万元。曹于村曾获评江苏省和谐社区建设示范村、泰州市和谐社区建设示范社区、泰州市城乡社区协商民主示范点。

前进村

前进村位于大泗镇东部，东至姜堰区张甸镇朱顾村，西至佴陈村，南至张甸镇花彭村，北至曹于村。1957年前，其境域属曹于庄。1958年，称前进大队。1983年，称前程村。2001年，前程村、桥河村

前进村地标（2023年摄）

合并成立前进村。

辖区面积2.7平方千米，耕地2374.35亩。村民小组9个，户籍数573户，户籍人口1903人，流动人口90人。村为党总支建制，下设2个网格党支部，有党员49名。设立2个网格，有工作人员12人。2019—2022年，该村新建景观河道400多米，两岸进行驳岸护坡，拓宽村庄主干道，完成雨污分流工程。新建污水泵站7座，基本实现村庄生活污水管网全覆盖。前进村经济以养殖业和种植业为主。2022年，村集体经营性收入250.83万元，村民人均可支配收入1.85万元。村内有生产环保设备的民营企业——泰州市高港区信谊环保设备厂。全村工业产值600万元，创利税50万元。前进村曾获评国家森林乡村、江苏省农村人居环境整治综合示范村、江苏省和谐社区建设示范村、江苏省卫生村、江苏省文明示范村。

佴陈村

佴陈村位于大泗镇东南部，由原佴陈、东平、河北3个自然村合并而成。东至前进村，东南与姜堰区张甸镇相接，南至佴庄村，西至霍堡村，北至二陈村。1949年前，其境域称小陈家埭，是陈家埭部分居民南迁之地。1958年，称佴陈大队。1983年撤社建乡时，佴陈大

佴陈村地标（2024年摄）

队改称佴陈村。

辖区面积1.99平方千米，耕地1600.05亩。村民小组15个，户籍数518户，户籍人口1874人，流动人口132人。村是党总支建制，下设2个网格党支部，有党员54名。设立4个网格，有工作人员12人。该村拥有健身场所5处，总面积达350平方米，配有健身器材等设施。图书室面积30平方米，藏书1947册。2019—2022年，佴陈村围绕生态河道创建工作，投资200多万元，进行河坡坍塌修复、清淤、绿化、铺植草坪等，实施人居环境提升项目。2022年，村集体经营性收入62.8万元，村民人均可支配收入2.13万元。佴陈村曾获评江苏省绿美村庄、江苏省和谐社区建设示范村、江苏省生态宜居美丽乡村示范村、泰州市卫生村。

佴庄村

佴庄村位于大泗镇东南部，北至二陈村，东至佴陈村，西至霍堡村，南至胡庄镇。2001年3月，佴庄、佴西、佴南、东兴4个自然村合并成立新的佴庄村。

辖区面积2.5平方千米，耕地面积4011亩。村民小组19个，户籍数725户，户籍人口2347人。村为党总支建制，下设3个网格党支部，有党员74名。设立6个网格，有工作人员12名。该村拥有健身场所5处，每处有健身器材8件（套），健身场所平均面积约80平方米。有农家书屋225平方米，藏书1511册。2018年，佴庄村成立舞蹈队，有成员30人，多次参加镇街文艺汇演。佴庄村有红色文化遗

佴庄村地标（2024年摄）

址佴家庄战斗纪念碑。该村有十多家牲畜、家禽养殖企业，是有名的养殖村。2022年，村集体经营性收入91.64万元，村民人均可支配收入2.26万元。佴庄村曾获评江苏省宜居宜业和美乡村、泰州市一村一品示范村、泰州医药高新区（高港区）文明村等。

霍堡村

霍堡村位于大泗镇中部，其西部紧邻大泗集镇，姜泗公路穿村而过。2001年3月，沙港、霍堡和小霍3个自然村合并成立新的霍堡村。南宋时期，有一霍姓军官驻兵在此，筑堡设防，因此得名霍堡。

辖区面积2.92平方千米，耕地面积2609.55亩。村民小组18个，户籍数770户，户籍人口2640人。村为党总支建制，下设3个网格党支部，有党员92名。2022年，该村将杨纪港河道驳岸向北延伸600米，新增绿化面积5000多平方米，在11—14组乡村道路两旁新植红叶石兰、香樟等树木3000余株。新建高标准公厕5座。在小霍自然村打造乡愁馆、法治长廊、墙体彩绘、党员文化长廊等。霍堡村因悠久的牛文化而闻名。当地有诗云："霍堡一夜听牛叫，深巷明朝卖牛肉。"2022年，村集体经营性收入188.09万元，村民人均可支配收入2.6万元。霍堡村曾获评江苏省特色田园乡村、江苏省省级创业型社区、江苏省文明村、泰州市文明村、泰州市"一村一品"示范村。

霍堡村地标（2022年摄）

杨营村党群服务中心（2022年摄）

杨营村

杨营村位于大泗镇南部，东邻佴庄村，西倚两泰官河，南有鳅鱼港，与胡庄镇隔港相望，北与大泗社区接壤。因明洪武十四年（1381）镇江指挥同知官杨昇屯兵于此而得名。中华人民共和国成立后，称杨营村。2001年，胡庄镇于家、陆垛、杨营3个自然村合并成立新的杨营村。2012年4月，杨营村从胡庄镇析出，划入大泗镇。

辖区总面积约4.5平方千米，耕地面积3071亩，水域面积996.75亩。有村民小组32个，户籍数1115户，户籍人口3499人，流动人口1138人。村为党总支建制，下设3个网格党支部，有党员98名。设立10个网格，有工作人员16人。杨营村以种植业为主。2022年，村集体经营性收入113万元，村民人均可支配收入2.38万元。杨营村曾获评江苏省民主法治示范村、泰州市书香之村、高港区民营经济发展先进村。

自然环境

地质地貌

大泗镇地处长江三角洲冲积平原，六七千年前是浅海。约在西汉时期，由长江冲积物持续聚集而成陆，逐渐演变为高沙土平原区，属海相沉积平原。地势平坦，地表高层一般海拔2—5米。域内地质分为5层，一层为素填土，褐色，松散，主要成分为粉土，表层局部夹杂植物根系，厚度为0.8—3.0米；二层为粉土，无光泽反映，低干强度，低韧性，见棕黄铁、锰质斑纹，厚度为0.3—4.5米；三层为粉砂夹粉土，青灰色至灰黄色，摇振反应迅速，饱和，中压缩性偏低，所夹粉土主要分布在中上部，中密，具水平层理，厚度为20.5—21米；四层为粉质黏土，黄褐色，稍有光泽，中干强度、中等韧性、可塑，局部软塑，偶夹粉砂薄层，呈松散状，厚度为2.8—6.6米；五层为细砂，灰黄色，光泽，饱和，局部有胶结层。

气候

大泗镇域属亚热带季风性湿润气候区，四季分明，年平均气温为16.4℃。雨量充沛，年降雨量1326.5毫米，全年无霜期238天。春季晴雨相间，夏季多雨炎热，秋季天高气爽，冬季多晴冷天气。

自然资源

植物资源 万年青、谷精草、稗草、芥菜、节节高、红麻、孔麻、家粗麻、芦苇、牛筋草、车前草、狗尾草、菖蒲、半夏、紫萍、浮萍、水竹叶、灯芯草、小根蒜、黄花菜、吉祥草、石蒜、毛白杨、旱柳、河柳、垂柳、何首乌、马齿苋、荷花、睡莲、山胡椒、荠菜、桃、梅、海棠、月季、野豇豆、田皂角、截叶铁扫帚、铁马鞭、鸡眼草、黄杨、冬青、爬山虎、元宝草、紫薇、女贞、桂花、牵牛、打碗花、马鞭草、菊花、筋骨草、薄荷、枸杞、猪

马龙村菊花园（2024年摄）

殃殃、雀舌草、一点红、狗舌草、蒲公英、香附子、天门冬等。

动物资源 哺乳类动物：鼬鼠（黄鼠狼）、刺猬、獾子、野兔等。

爬行动物：壁虎、菜花蟒、蝮蛇、火赤练、少棘巨蜈蚣、中华真地鳖、大蜻蜓、中华大刀螂、中华稻蝗、中华蟋蟀、黄刺蛾、三星龙虱、屎壳郎、胡蜂、黑蚁、河蟹、蝴蝶、米虾、白虾、壁虎、蝇虎、蟾蜍、青蛙、乌龟、鳖（甲鱼）等。

鱼类：鲢鱼、鲤鱼、青鱼、草鱼、鲫鱼、长春鳊、团头鲂、黄鳝、鲈鱼、白丝鱼、泥鳅、刺鳅等。

鸟类：鹰、乌鸦、白头翁、黄莺、野鸭、野鸡、布谷鸟、啄木鸟、家燕、斑鸠、喜鹊、八哥、麻雀等。

水系

大泗镇内河流纵横。1958年前，域内兼属淮河水系和长江水系。1958年，新通扬运河开通后，淮水被切断，域内属长江水系。至2022年，镇内共有大小河道143条，总长126.79千米。

骨干河道 5条，分别是两泰官河、前进河、南干河（鳅鱼港）、西干河、生产河，全长24.15千米。

两泰官河 南起如泰运河，北至通扬运河。历史上称为北新河、通泰河，是江苏省中部的人工运河，全长23.4千米。该河流经大泗镇的大泗社区、杨营村，域内全长1.05千米。该河从许庄街道蔡庄村流入泰兴市宣堡镇，沟通生产河、许庄河、宣堡港等河道。曾为两泰(泰县、泰兴县)地区引江水灌溉、排内涝入江的主要河道。明清时期多次疏浚。中华人民共和国成立后，1951年、1952年、1958年、1967年、1981年、1983年、1986年、1987年等年份曾疏浚整治。2005年，泰州市投入900万元，整治两泰官河。河道底宽10米，底高-1.5米，上河坡比1∶3，下河坡比1∶5。

前进河 起于大泗社区，南与两泰官河相通，北止生产河，大泗镇域内流经大泗社区、康乐村，全长4千米。1978年11月开工，次年1月竣工。新开挖7.97千米，底宽8米，底高-0.5米。动员民工1.3万人，完成土方166万立方米。国家补助31.3万元。

南干河(鳅鱼港) 西起两泰官河，沿杨营村南部向东北流，从大泗镇佴庄村向东流入姜堰区，至姜堰区蒋垛镇，全长23.4千米。其中张甸镇至佴庄段被称为鳅鱼港。1971年11月开挖，1972年1月竣工，共动用民工3万人，完成土方401万立方米。1983年冬、1989年11月，曾2次疏浚局部河道，合计完成土方52.34万

大泗镇区处的两泰官河(2024年摄)

西干河（2022年摄）

立方米。

西干河　域内长6.2千米，南北走向，南起南干河，北至西干河白马界，流经佴庄村、霍堡村、二陈村、北港村。1971年春，动员2.2万民工建成。河底宽8米，底高-1.0米，河坡比为1∶3，完成土方205.6万立方米，配建公路桥1座、人行便桥8座。国家补助23万元。

生产河　西起南官河，东至东姜黄河。1957—1958年，疏浚并沟通鸭子河（大泗前进河至南官河段）向东的多条浅隔沟河，定名为生产河，全长44千米。该河流经泰州市高港区和姜堰区的十多个乡镇。1969年11月至次年1月，拓浚河道36.9千米，完成土方105.5万立方米。1978年11月至次年1月，新开中干河至运粮河段，长6.9千米，完成土方154万立方米。2004年，对泰高路至许庄镇太平中沟段河道进行整治。2008年，泰州市高港区投入150余万元疏浚生产河大泗镇段。

中沟　15条，分别为大寨河、中心河、字荡沟、老前进河、李秀河、横港河、双马河、乡前进河、红星河、杨营中沟、杨纪港、老中心河、新跃河、胡马河、工农河，全长30.9千米。

大寨河　域内长5.9千米，东西走向，分东西两段，东段起于张甸界，止于西干河，西段起于西干河，经扬子港与前进河相交。河口宽36米，底宽5米，流经大泗社区、马龙村、霍堡村、佴庄村、佴陈村。

生产河大泗镇段（2024年摄）

中心河　域内长0.9千米，东西走向。起于泰镇高速康乐村段，终于前进河，河口宽36米，底宽5米，流经康乐村。

字荡沟　域内长2.2千米，南北走向，起于新跃河，终于生产河，河口宽36米，底宽5米，流经时庄村。

老前进河　域内长1.6千米，南北走向，起于乡前进河，终于生产河，河口宽30米，底宽4米，流经曹于村、北港村。

李秀河　域内长1千米，南北走向，起于南干河，终于大寨河，河口宽36米，底宽5米，流经佴陈村。

横港河　域内长1千米，东西走向，起于北港17组，经西干河，终于白马界，河口宽25米，底宽3米，流经北港村。

双马河　域内长2.6千米，南北走向，起于大寨河，终于生产河，河口宽36米，底宽5米，流经霍堡村、马龙村、大马村。

乡前进河　域内长3.5千米，南北走向，起于李秀河，终于生产河，河口宽36米，底宽5米，流经佴陈村、前进村、曹于村。

红星河　域内长1.7千米，东西走向，起于南干河 终于两泰官河，河口宽36米，底宽5米，流经杨营村。

杨营中沟　域内长1.2千米，南北走向，起于红星河，终于姜泗公路，河口宽36米，底宽5米，流经杨营村。

杨纪港　域内长2.6千米，南北走向，起于佴庄村，终于老中心河，河口宽36米，底宽5米，流经佴庄村、霍堡村。

老中心河　域内长2.9千米，东西走向，起于二陈村12组，经西干河，终于双马河，河口宽36米，底宽5米，流经二陈村、大马村。

新跃河　域内长1.9千米，东西走向，起于前进河，终于许庄界，河口宽36米，底宽5米，流经大泗社区、时庄村。

胡马河　域内长0.8千米，南北走向，起于胡庄界，终于南干河，河口宽30米，底宽5米，流经佴庄村。

工农河　域内长1.1千米，东西走向，起于大泗1组，终于前进河，河口宽36米，底宽5米，流经大泗社区。

村庄河道　123条，全长71.74千米。

大寨河（2024年摄）

区位交通

大泗镇区位优越、交通便捷。

阜溧高速公路呈南北向，穿境而过，镇内姜泗路、泗白路、泗野路等公路贯通东西南北，西干河、南干河、生产河、大寨河、双马河、西前进河、东前进河等河流纵横全镇，既能防汛排涝，又能满足田间灌溉。大泗镇距离泰州长江大桥10分钟车程，距离泰州港码头20分钟车程，距离扬泰机场和泰州火车站均为30分钟车程。

阜溧高速大泗枢纽（2024年摄）

阜溧高速大泗收费站（2022年摄）

阜溧高速大泗服务区（2023年摄）

人口民族

人口总量

中华人民共和国成立后，经1954—1958年、1962—1970年两个生育高峰期，域内人口迅速增加。1968年，域内户籍人口27075人。1978年，户籍人口30650人。1988年，户籍人口31626人，人口密度为每平方千米832人。2007年，户籍人口30009人，人口密度为每平方千米779人。2008年，户籍9415户，户籍人口30018人。2022年，户籍9840户，户籍人口31870人，人口密度为每平方千米844人。

人口结构

年龄　2020年，全镇户籍总人数32723人，其中，0—17周岁4702人，占总人数的14.37%；18—34周岁6344人，占总人数的19.38%；35—59周岁13203人，占总人数的40.35%；60周岁以上8474人，占总人数的25.9%。

2022年，全镇户籍总人数31870人，其中，0—4周岁933人，占总人数的2.93%；5—14周岁2326人，占总人数的7.3%；15—19周岁1396人，占总人数的4.38%；20—59周岁18812人，占总人数的59.02%；60—72周岁5177人，占总人数的16.2%；73—89周岁3028人，占总人数的9.5%；90—99周岁192人，占总人数的0.6%；100岁以上6人。

2022年大泗镇90—99周岁老人情况一览表

表1

姓　名	性别	年龄	户口所在地
于跃井	男	99	大马村
乔　珠	女	99	霍堡村

续表

姓　名	性别	年龄	户口所在地
肖桂英	女	98	康乐村
刘兰英	女	98	霍堡村
于秀英	女	98	杨营村
谢宏俊	男	98	二陈村
李西植	男	98	佴陈村
孙锄英	女	98	二陈村
陈桂英	女	97	霍堡村
徐秀英	女	97	杨营村
王巧英	女	97	佴陈村
徐登女	女	96	杨营村
高东英	女	96	二陈村
樊桂英	女	96	大马村
谢兰珍	女	96	佴陈村
栾兰英	女	96	杨营村
李桂英	女	96	北港村
李秀珍	女	96	佴庄村
杨秀英	女	95	北港村
周　英	女	95	前进村
孙文英	女	95	曹于村
张长碗	男	95	佴庄村
曹玉英	女	95	佴庄村
张秀芳	女	95	大泗社区
陆秀云	女	95	马龙村
田桂芳	女	95	佴庄村
于付广	男	95	前进村
于介寿	男	95	曹于村
刘兰青	女	94	杨营村
戴金娣	女	94	杨营村
韩九英	女	94	曹于村
朱龙英	女	94	佴陈村
卞荣贤	男	94	霍堡村
钱珠英	女	94	马龙村

续表

姓　名	性别	年龄	户口所在地
卞文伯	男	94	霍堡村
张国堂	男	94	杨营村
蒋宏珍	男	94	二陈村
于宗年	男	94	杨营村
徐春芳	女	94	杨营村
纪凤珠	女	94	二陈村
单桂英	女	94	前进村
蒋和珠	女	94	霍堡村
谢银女	女	94	杨营村
卜圣元	男	94	佴庄村
田粉宝	女	94	康乐村
周兰芳	女	94	时庄村
周秀梅	女	93	时庄村
单桂芳	女	93	佴庄村
王有善	男	93	大泗社区
杨政珍	女	93	曹于村
谢发如	男	93	北港村
李桂兰	女	93	大泗社区
徐连珠	女	93	杨营村
王桂英	女	93	北港村
钱正吉	男	93	马龙村
吴余伯	男	93	时庄村
程永高	男	93	北港村
许连英	女	93	前进村
张炳龄	女	93	杨营村
孔翠莲	女	93	杨营村
李春英	女	93	佴陈村
赵大珠	女	93	大泗社区
韩和珍	女	93	大泗社区
戴桂英	女	93	康乐村
戴水德	男	93	大泗社区
曾文珍	女	93	马龙村

续表

姓　名	性别	年龄	户口所在地
徐恒勤	男	93	杨营村
陈月华	女	93	时庄村
王山宝	男	93	大泗社区
李玉莲	女	93	前进村
王才娣	女	93	佴陈村
时桂香	女	93	时庄村
张才英	女	93	二陈村
时秀珠	女	93	大泗社区
栾玉芳	女	93	马龙村
沈事女	女	93	前进村
杨龙英	女	93	二陈村
徐世坤	男	93	杨营村
朱士美	女	93	大马村
李如龙	男	92	曹于村
杨桂英	女	92	北港村
张龙英	女	92	曹于村
陈红英	女	92	北港村
夏连英	女	92	北港村
李才女	女	92	时庄村
王龙英	女	92	杨营村
于连英	女	92	佴陈村
罗粉英	女	92	曹于村
张凤英	女	92	佴庄村
张国祥	男	92	北港村
张国英	女	92	前进村
陈忠金	男	92	大泗社区
朱昌荣	男	92	时庄村
于羊英	女	92	佴陈村
戴兰珠	女	92	大泗社区
李茂发	男	92	大马村
陆继文	男	92	杨营村
孔粉英	女	92	杨营村

续表

姓　名	性别	年龄	户口所在地
卜杨女	女	92	曹于村
黄桂英	女	92	大泗社区
冯秋华	女	92	时庄村
徐凤英	女	92	霍堡村
徐凤鸣	女	92	杨营村
于才珍	女	92	马龙村
季付英	女	92	大马村
时济民	男	92	时庄村
严桂芳	女	92	霍堡村
李龙英	女	92	佴陈村
孔冬英	女	92	北港村
李兰英	女	92	时庄村
李冬英	女	92	大马村
谢云英	女	92	佴庄村
沈同友	男	92	佴庄村
孙长德	男	92	时庄村
周永英	女	92	大马村
刘连珍	女	92	北港村
谢荣珍	女	92	大泗社区
吴才英	女	92	霍堡村
陈安圣	男	91	杨营村
谢秀芳	女	91	佴陈村
李凤英	女	91	杨营村
于宗标	男	91	杨营村
徐卜兴	男	91	杨营村
于富文	男	91	曹于村
高春英	女	91	曹于村
张春堂	男	91	佴陈村
于明珍	女	91	霍堡村
沈荣江	男	91	佴庄村
谢龙英	女	91	杨营村
于富贵	男	91	曹于村

续表

姓　名	性别	年龄	户口所在地
程桂英	女	91	曹于村
谢兆章	男	91	二陈村
时成堂	男	91	时庄村
谢康英	女	91	大马村
许桂兰	女	91	时庄村
于付余	男	91	前进村
程和珍	女	91	大马村
钱时金	男	91	马龙村
程秀英	女	91	曹于村
韩兰英	女	91	北港村
陈罗珍	女	91	曹于村
程网英	女	91	曹于村
徐桂云	女	91	杨营村
田宝珠	女	91	康乐村
王女儿	女	91	大马村
程绍春	男	91	前进村
王西贵	男	91	杨营村
谢政太	男	91	北港村
田小书	女	91	霍堡村
张翠兰	女	91	时庄村
蔡树岗	男	91	康乐村
许义清	男	91	大泗社区
杨建如	女	91	大马村
杨宏英	女	91	大泗社区
程国英	女	91	北港村
尤东娣	女	91	康乐村
沈网英	女	91	佴庄村
张桂芳	男	91	时庄村
李玉莲	女	90	杨营村
钱维文	男	90	大马村
周志明	男	90	时庄村
缪兰英	女	90	大马村

续表

姓　名	性别	年龄	户口所在地
朱秀珍	女	90	大泗社区
李发祥	男	90	曹于村
程德才	男	90	曹于村
陆才珠	女	90	大马村
于耀礼	男	90	大马村
谢桂义	女	90	二陈村
赵粉英	女	90	大泗社区
仲夕荣	男	90	大马村
李善成	男	90	时庄村
陈美英	女	90	时庄村
王同英	女	90	佴庄村
蔡美珍	女	90	佴陈村
张玉兰	女	90	大马村
卜圣英	女	90	曹于村
孔安珍	女	90	佴陈村
肖阿珠	女	90	大马村
高庆英	女	90	曹于村
王桂芳	女	90	北港村
张凤美	女	90	杨营村
单张英	女	90	前进村
谢桂香	女	90	时庄村
李桂英	女	90	二陈村
袁盛宏	男	90	马龙村
董凤英	女	90	马龙村
李云珠	女	90	佴庄村
王桂兰	女	90	时庄村
于秀连	女	90	北港村
谢灵英	女	90	二陈村
王美珍	女	90	大泗社区
夏桂英	女	90	马龙村

2022年大泗镇100周岁及以上老人情况一览表

表2

姓　名	性别	年龄	户口所在地
孔祥英	女	106	二陈村
李桂英	女	106	佴陈村
戴桂英	女	104	二陈村
魏素兰	女	102	时庄村
蔡伯荣	男	101	康乐村
张根敖	男	100	佴庄村

民族　大泗镇以汉族人口为主。2007年，域内有少数民族10个，共42人，分别为土家族19人、苗族8人、满族4人、蒙古族2人、回族2人、彝族2人、朝鲜族2人、布依族1人、哈尼族1人、土族1人。

2022年，大泗镇有少数民族19个，共158人，分别是土家族46人、苗族25人、彝族20人、壮族16人、布依族11人、满族8人、傣族4人、哈尼族4人、黎族4人、回族3人、蒙古族3人、瑶族3人、朝鲜族2人、白族2人、侗族2人、水族2人、土族1人、纳西族1人、裕固族1人。

文化　2007年，大泗镇户籍人口30009人，其中小学文化程度9890人，占总人口的32.96%。2022年，大泗镇域内4周岁以上人数31300人。其中文盲、半文盲3187人，占10.18%；小学文化程度7895人，占25.22%；初中文化程度10820人，占34.57%；高中（含中专）4065人，占12.99%；大专文化程度2578人，占8.24%；本科文化程度1407人，占4.5%；研究生97人，占0.31%。

姓氏　2022年，大泗镇共有姓氏304个，其中1000人以上的8个，依次为于姓2706人、张姓2425人、李姓2303人、谢姓1916人、杨姓1372人、陈姓1298人、王姓1241人、程姓1155人，占总人口45.23%；300人以上1000人以下的10个，依次为徐姓928人、钱姓881人、卞姓838人、周姓797人、纪姓668人、曹姓585人、时姓441人、陆姓437人、蔡姓391人、吴姓348人，占总人口的19.81%。

经济发展

大泗镇历史上经济以农业、手工业、商贸业为主。改革开放后，乡镇工业不断做大做强，建筑业从小到大，服务业做新做优。2008年，大泗镇实现地区生产总值6.8亿元。2008年大泗镇划归泰州市高港区后，由传统的农业经济、乡镇工商经济向药材种植业、园艺种植业、家畜家禽养殖业、医疗器材生产业等经济方向转变，经济发展进入快车道。2022年，大泗镇实现地区生产总值13.35亿元。其中，第一产业增加值2.46亿元，占地区生产总值的比重为18.43%；第二产业增加值3.61亿元，占地区生产总值的比重为27.04%；第三产业增加值7.28亿元，占地区生产总值的比重为54.53%，一般公共预算收入4171万元。进出口总额607万美元。

佴陈村麦画田园（2022年摄）

农业

域内传统农业以粮食生产、瓜果蔬菜种植业为主。1958年，大泗人民公社在大马大队建成第一座可灌溉万亩的电灌站。1959年，大马大队、西陈大队、马龙大队试种水稻，1960年后，在全社逐步推广水稻种植。1970年后，全社开展平田整地20626亩，实现大面积旱改水，开始大面积种植水稻。当年种植水稻1806亩，单产每亩106千克，总产191.4吨。此后，大泗农业基本形成夏熟种植小麦、大麦、油菜，秋熟种植水稻，零星小块种植玉米、花生、山芋、大豆等。

2008年，大泗镇将原有的“东鸡、西兔、北鹅、中牛”的分散养殖集中到佴陈、霍堡、佴庄、前进4个村合成的生态养殖园内，着力打造优质稻米产业区、中药材种植区、生态种养功能区，重点突出中草药、孔雀蛋、霍堡牛肉、大泗香米、佴庄羊肉五大特色。规划建设大泗、时庄、马龙、康乐、杨营5个村为花卉苗木基地，面积1000亩；霍堡、佴庄、佴陈、前进4个村为生态种养基地，面积8000亩；北港、曹于、二陈、大马4个村为优质稻米产业基地，面积8000亩。各板块配套建设路、渠、沟、涵洞、绿地、水电等基础设施及种植养殖业所需自动化设施。

2022年，全镇实现农业总产值4.3亿元，同比增长10.22%；农业增加值2.46亿元，同比增长10.19%。大泗镇在推进全国农村综合性改革试点工作中，完成马龙中药材种植示范基地、大泗乡情智慧无人农场、“泗水年华”村企联建等19个项目建设。推进“农文旅”融合发展，

康乐村大棚种植基地（2022年摄）

北港村金色麦田（2022年摄）

提升大马水生植物园、中草药种植园、麦田花海、无人农场、蔬菜基地等载体内涵，配合举办“苏韵乡情”乡村休闲旅游农业（泰州）专场推介活动。江苏西来原生态农业有限公司（西来原生态农场）入选2022年度国家级生态农场。“泗润”大米入选2022年江苏农业品牌目录。佴庄村（山羊养殖）入选泰州市“一村一品”示范村。

粮食生产 1977年，水稻单产每亩283千克，比1970年增长167%；1980年，水稻单产每亩457千克，比1977年增长61.48%；1997年，水稻单产每亩473千克，比1980年增长3.5%；2008年，水稻单产每亩512千克，比1997年增长8.2%。2022年，水稻单产560千克，比2008年增长9.4%。1978年，小麦单产每亩219千克，大麦单产每亩223千克；1988年，小麦单产每亩280千克，大麦单产每亩271千克，分别比1978年增长27.85%、21.52%；2008年，小麦单产每亩370千克，大麦单产每亩298千克，分别比1988年增长32.14%、9.96%。2022年，小麦单产每亩438千克，大麦单产每亩373千克，分别比2008年增长18.4%、25.2%。

林业 大泗镇林业以银杏树为主，有“银杏之乡”之美誉。1993年，全镇共有挂果银杏树1500株以上，百年老树15株，年产银杏200多吨。2000年，全镇共有挂果银杏树4.5万多株，百年老树18株，年产银杏600多吨。2008年，全镇共有挂果银杏树8万多株，百年老树近100

株，年产银杏1200多吨。当年，全镇绿化面积664.7公顷，森林覆盖率20.46%。2012—2022年，大泗镇加大河道绿化带建设，建起了4个民营园林花卉场。2022年，全镇绿化面积997公顷，森林覆盖率31.2%。

渔业　1972年，大泗渔业站成立。大寨河、中心河、双马河、字荡沟、杨纪港等河道分别由所在村村民分段承包养鱼。2008年，全镇承包养鱼户42户，水产养殖面积500亩，年产鱼74吨，产值74万元。2017年，大泗镇水产养殖面积20亩以上承包养鱼户有6户，每年产值最低5万元，最高达300万元。2020年，大泗镇水产养殖面积20亩以上承包养鱼户有8户，年产值最低6万元，最高达300万元。2021年，全镇水产养殖面积10367亩，其中池塘养殖面积1492亩、提水养殖面积7288.4亩、稻田综合种养面积505.53亩、河沟养殖面积1081.3亩，年产鱼虾总量121.53吨。2022年，全镇水产养殖面积13501.3亩，其中河沟养殖面积4649.2亩、池塘养殖面积1184.1亩、工厂化养殖面积9亩、提水养殖面积7206.5亩、稻田综合种养面积452.53亩。年产鱼虾总量297.4吨。

畜禽业　人民公社化初期，域内生产队兴办集体养猪场。1962年，保留生产队集体养猪场，恢复社员家庭生猪、家禽养殖，生猪饲养量逐年上升。1979年，全社出栏生猪3万多头。20世纪80年代后，集体养猪场解体。1990年后，养

霍堡村江苏西来原生态农业有限公司养羊场（2022年摄）

佴陈村牛犇犇生态养牛场（2022年摄）

殖专业户出现，逐渐形成东有“前进”养鸡，西有“康乐”养兔，南有“佴庄”养羊，北有“大马”养鹅，中有“霍堡”养牛的布局。2008年，前进村有80多户养鸡专业户，年上市量达45万只。康乐村殷国喜的长毛兔养殖基地成为江苏省民政厅确定的残疾人扶贫养殖基地，江苏省民政厅每年向大泗镇残疾人提供2000对种兔。佴庄村万晓玲从2007年起饲养波尔山羊，饲养场占地面积2.47公顷，全年成羊出栏近5000只。北部大马村养鹅专业户杨荣年养殖场占地面积2公顷，年养鹅5万只左右。霍堡村有100多户从事牛肉加工销售，2008年起，该村成立霍堡牛肉专业合作社，当年销售牛肉1500吨以上。2008年，全镇养猪专业户19户，存栏5.6万头；养鸡专业户18户，存栏7.6万只；养鹅专业户13户，存栏4.5万只；养鸭专业户14户，存栏7.3万只。2012年，全镇畜禽存栏20多万只，肉羊存栏1万多只，能繁母猪120多头。2022年，全镇畜禽存栏33万只，肉羊存栏1.15万只，肉牛存栏260头，生猪存栏2380头，能繁母猪586头。

工业

20世纪50年代末，大泗人民公社只有少量家庭手工业，最有名的是“刮小肠”“做猪鬃”“硝皮”和编织篾器。小霍庄纪堂本家的“刮小肠”是祖传手艺，其时全社仅此一家。60年代，霍堡村纪宏本、纪全本，中陈村谢春来，康乐村李春银四人做猪毛、猪皮生意，后在泰兴猪鬃厂学做猪鬃，学成后开办了域内第一家猪鬃厂——佴安猪鬃厂。开始只有十几个人生产，后扩大到几十人生产。小霍庄还有几个“硝皮”师傅，主要销售狗皮和羊皮。马龙、二陈两庄有三四个篾匠，编织竹凉席、淘米箩和挎篮等竹制品，此类手工艺至今尚存。

域内工业真正起步始于20世纪60年代。1960年，大泗农具厂创办，性质为县办大集体，主要从事制造、修理简易农具。1961年，大泗织带厂创办，主要生产卷烟带。随着业务量不断增加，到1978年，工人增至200多人，年上缴税费40多万元。1969年后，大泗人民公社陆续兴办了水泥制品厂、过滤布厂、塑料制品厂、印刷厂、猪鬃厂、五金厂、电炉厂、砖瓦厂、纸箱厂、织布厂、地毯厂、麦芽厂、汽修厂、食品厂、石粉厂、服装厂、被单厂、船厂等20多家社办厂。全公社30个大队都开办了工厂，有的大队有三四个厂。1970年后，公社、大队办厂逐渐增多，产值逐年增加。1971年，大泗人民公社在大泗大队工农路两侧建起工业区，占地面积80亩，入驻企业4家。1981年，大泗人民公社在霍堡大队西干河两岸姜泗路边建工业园区，称霍堡工业区，占地面积140亩，入驻企业6家。1986年，大泗乡扩建霍堡工业区，在前进大队新征用土地170亩，入驻企业2家。1992年，大泗乡在大泗集镇区姜泗路两侧建工业区，称新工业区，原工农路两侧的工业区称老工业区。新工业区占地面积210亩，入驻企业6家。2000年，大泗镇在大泗集镇姜泗路北前进河两岸建工业区，称大泗工业集中区，占地面积350亩，入驻企

泰州市美诺医疗器械有限公司（2024年摄）

业6家。至2000年，大泗镇共有4片工业园区，分别为大泗工业集中区、霍堡工业区、大泗新工业区、大泗老工业区。2008年，入园企业有30多家，年产值5.5亿元，利税3850万元。

2009年，大泗镇划归泰州市高港区，民营企业转型升级步伐加快，形成铝型材、医疗器械、舞台设备、机电设备、纺织制造、彩印包装等支柱产业。2022年，大泗镇规模以上工业企业12家，完成产值7.53亿元。工业企业一般纳税人开票销售10.08亿元。江苏宇马铝业有限公司太阳能光伏边框组件项目一期工程竣工投产，当年开票销售超1亿元。中纯氢能源科技（泰州）有限公司项目投产运行，全年开票3000万元。

建筑业

1969年，大泗人民公社组建建筑站。20世纪70年代末，建筑站的建筑工人发展到300多人。1985年，大泗建筑站更名为大泗建筑安装工程公司，下设7个施工队，有工人750人，其中技术员10人，到外省、市施工615人，分布在湖北、青海、甘肃、内蒙古、江苏、上海、北京等地。1989—1991年，在泰县建筑行业评比中，大泗建筑站安装工程公司连续三年被评为先进单位。1991年，大泗建筑站安装工程公司建筑业总产值达0.85亿元。1997年，大泗建筑业总产值达1亿元，占全社会生产总值的30.3%。1999年，大泗建筑安装工程公司改制。此后，域内私营建筑业兴起。2022年，大泗镇有建筑企业9家，从业人员3550人，年总产值13.69亿元。

服务业

大泗镇是一座千年商贸古镇，有“卖不了的到大泗，买不到的到大泗”之说。明建文四年（1402），地处两泰官河腹地的大泗境域就成了商贸物资的集散地，集散物资主要以粮食为主，还有猪、油、酒、杂货、麻、布、绒线等。

20世纪20年代初，不少商贩从扬中、丹徒一带到大泗摆摊设点。其时，域内有烧饼店、水饺店、饭店、客栈、浴室、理发店、洗染店、日杂店、烟酒店、药店、服装店等十多家，从业人数近200人。

1954年，国家对粮食实行统购统销，保障人民群众生活的基本需要。1956年，饭店、旅馆、浴室、杂货店、烟酒店、肉店等实行公私合营。1957年，大泗综合商业社和大泗供销社组建，代管时庄、康乐、大马、佴陈、霍堡、西陈、周垛7个下伸点。1958—1978年，大泗综合商业社隶属于大泗供销合作社。改革开放后，从计划经济走向市场经济，大泗供销社、大泗综合商业社焕发了新气象，实行产、供、销一条龙服务，搞活了商贸市场。银杏成为购销的支柱产品，年销量200多吨，利润近300万元。因销售绩效显著，1990—1993年，大泗供销社连续四年被泰县供销社联合总社评为优胜单位。20世纪90年代中后期，随着个体私营经济的发展，农民多余的粮食、油料全由粮油购销商上门收购，域内共有收购人员36人，收购站点5个。1995年，大泗粮管所歇业。1997年，大泗乡个体商户有60多家。2002年，大泗绿源农贸市场建成，经营面积1.5万平方米，摊位100多个。2003年，大泗供销社和大泗综合商业社解体。

至2008年，大泗镇有旺旺、文峰、苏果等超市50多家，有泗水人家、迎喜饭店、马宇酒家和文峰酒店等餐饮企业30多家。全镇实现第三产业增加值8175万元，商品零售总额4.2亿元，市场成交额2.3亿元。2022年，大泗镇有规模以上服务业和限额以上批发零售住宿餐饮企业39家，实现第三产业增加值7.28亿元。

社会事业

中华人民共和国成立后，特别是改革开放以来，随着大泗境域经济的蓬勃发展，文化、教育、卫生等社会事业也取得长足发展。2008年划归高港区后，全镇发展速度更快，社会事业规模快速扩大，人民群众的教育程度和健康水平显著提高，文化生活丰富多彩，进一步提升了老百姓的幸福指数。

大泗镇区一角（2024年摄）

教育

幼儿教育 20世纪60年代初，大泗大队办起托儿所（幼儿园），开展学前教育。1966年，托儿所（幼儿园）停办。改革开放后，域内陆续兴办起几家民办幼儿园，基本上满足了少儿入园进行学前教育的需求。其中，泰州市大泗幼儿园较为出名。该园原为泰县大泗中心幼儿园，1984年创建。位于大泗村8组。1993年改为泰县大泗幼儿园。2009年9月，迁址至大泗村11组，更名为泰州市金桥幼儿园。2013年9月，转型为公办幼儿园，更名为大泗中心幼儿园。占地面积5940平方米，绿化面积920平方米，户外运动场地面积3000平方米，房屋建筑面积2870平方米。教学楼3层，开设10个班，在园幼儿398人，教职员工32人。2020年，幼儿园迁址重建，位于大泗村10组。2021年11月15日，更名为大泗幼儿园。2022年9月，新园投入使用，占地面积8830平方米，建筑面积5710平方米，绿化面积3120平方米，户外活动场地面积4135平方米。开设3轨9个班级，在园幼儿344人，教职工42人。

小学教育 中华人民共和国成立前，域内没有小学，只有15所私塾，20名塾师。1951—1952年，大泗将15所私塾改并为大泗小学、双马小学、竹林小学、二陈小学、单桥小学、曹于小学、联朱小学、时庄小学、霍堡小学、龙河小学、佴庄小学11所小学。原来的塾师分别在各小学任教。后因行政区划变更，单桥小学、联朱小学划归张甸，龙河小学划归白马。1987年，大泗乡共有大泗中心小学、时庄小学、康乐小学、双马小学、金龙小学（初小）、霍堡小学、佴庄小学、曹于小学、二陈小学、陈北小学、河北小学（初小）11所小学，54个班，在校学生2400多人。1988年，撤并金龙小学、河北小学2所初小，全乡有9所小学，48个班，在校学生2160人。1997—1998年，撤并陈北

泰州市大泗幼儿园（2023年摄）

泰州市大泗学校（2023年摄）

小学、康乐小学，全乡有7所小学。2004年，撤并曹于小学、二陈小学、双马小学、佴庄小学、时庄小学，保留大泗中心小学和位于佴陈村的大泗第二小学。2005年，2所小学合并至泰州市大泗学校，泰州市大泗学校成为九年义务教育一贯制学校。

中学教育 抗日战争时期，域内创办第一所初级中学，名为泰县县立第二初级中学，校长周锡爵。解放战争时期，泰县县立第二初级中学停办。1953年，大泗时庄民办补习班创办，1957年，改为民办中学，校址迁至大泗集镇。1960年，大泗民办中学撤销，成立大泗中学。20世纪70年代初，大泗部分小学增设初中班，称为“戴帽子”初中，大泗中学增设高中班。1981年后，大泗中学高中停办。1988年，大泗乡所有初中学校整合为大泗初级中学、大泗第二初级中学、曹于初级中学3所初中，合计33个班，在校学生1900多人。由于生源日趋减少，施教区域不断进行调整优化。1992年，曹于初级中学撤并。1997年，大泗第二初级中学撤并。2002年，大泗初级中学迁至新校区，位于姜泗公路北侧，占地面积3.33公顷，建筑面积8000平方米，总投资1700万元。2005年，大泗镇作为姜堰市教育工作试点单位，实施九年义务教育一贯制，中小学合并为泰州市大泗学校。

泰州市大泗学校占地面积4.05万平方米，建筑面积1.47万平方米，运动场所面积1.34万平方米，小学部8880平方米，初中部4521平方米。有篮球场6个、足球场1个、器械运动场地2个、300米环形跑道田径场1个。2022年，全校有专任教师104名，其中骨干教师37名，占比36.2%，包括全国模范教师、江苏省优秀共产党员、优秀援藏教师钱维胜，中国好人张卫东等。全校所有专任教师学历达标率100%，包括2名硕士研究生、3名在读硕士研究生。全校共有教学班27个，学生1186人。其中小学部教学班18个，学生798人，师生比1∶14；初中部教学班9个，学生388人，平均班额43.2人，师生比1∶8.4。

泰州市大泗学校先后获评全国国防先进学校、全国青少年足球特色学校、江苏省健康促进学校（金牌）、江苏省体育项目传统校等40多项荣誉。

成人教育　中华人民共和国成立后，大泗成人教育工作重点是扫除文盲。20世纪70年代初，由中心小学派1名人员指导、督查各大队扫盲工作，每名学员以达到认识800个汉字为脱盲标准。1984年，全乡脱盲并通过泰县教育局验收。21世纪初，成人教育工作主要为开展农民素质教育，对待业青年、下岗职工进行技术技能培训，搭建创业就业平台。2019年，全镇开展培训20多场，各项技能培训600多人，帮助500多名青年就业。

卫生

中华人民共和国成立初期，郎中邵桂鑫到大泗摆摊看病。1951年，大泗有4家私人药店和9家私人诊所，分别是季少记药店、大德生药店、恒德堂药店、大道生药店；前进于书康诊所，中陈张茂秋诊所，佴庄顾松林诊所，大马窦文山诊所，曹于朱良诊所、蔡奇喜诊所，时庄张济东诊所，大泗钱正明诊所、戴济民诊所。1956年1月，大道生药店歇业，其余3家药店和9家诊所实行公私合营，成立民康联合诊所，地址在大泗原地主陈朗如家中，前后三进老式七架梁房子，员工30多人，其中药剂师11人。1969年，大泗人民公社30个大队全部建立卫生室，选配“赤脚医生”75人，报酬参照大队定职干部年薪标准，吃平均口粮。社员每年投1元钱合作医疗费，不足部分由生产队集体承担。社员看病只需缴5分钱挂号费。1973年，大泗人民公社卫生院建成，院址在姜泗公路大泗终点站路南，10间砖木结构房，医务人员30人，设内外科、妇产科、儿科、中西药房及X光透视室。1983年，更名为大泗乡卫生院。

1996年，卫生院门诊大楼落成，建筑面积2000平方米，投资100多万元。增设骨伤、五官、化验、监护等科室。医疗人员增至46人，其中高级职称1人、中级职称9人。1997年，在原有大队合作医疗站基础上，各村陆续建立起村卫生室。1998年，大泗乡卫生院病房楼建成，面积2000平方米，造价58万元，病床40

张。2000年，大泗乡卫生院更名为大泗镇卫生院。2001年，农村合作医疗制度改革，实行大病统筹合作医疗，采取个人缴费政府补贴的办法。全镇消灭麻风、癞头、血吸虫、疟疾等烈性疾病。2006年，大泗镇卫生院增添奥林巴斯纤维胃镜、24小时心电监护仪、麻醉机、呼吸机。2007年，购置500mAX光机、全自动生化分析仪、多普勒彩超仪。院内能自主实施肝脏、食道等肿瘤切除手术。

2008年，全镇参保人数28803人，占总人数的95%。2009年，大泗镇重建卫

泰州市大泗镇卫生院（2023年摄）

大泗镇霍堡村卫生室（2022年摄）

生院，2011年4月搬迁至大泗社区泗白路东侧。主体建筑3层，建筑面积6000平方米。设有预防保健科、全科医疗科、内科、外科、妇产科、中医科、口腔科、骨伤科、针灸理疗科、麻醉科、医学检验科、医学影像科等科室。特色专科有市基层内分泌特色专科、五级中医馆。拥有联影CT、联影DR、彩色B超机、动态心电图、电子胃（肠）镜、五分类血球计数仪、全自动生化分析仪等，设病床77张。2022年，大泗镇创成省级卫生健康镇，有医疗卫生机构13个，其中医院1个（泰州市大泗镇卫生院）、村卫生服务站12个。卫生院拥有医师职称23人，职工总数72人，门诊年接待人次43659人。

文化

中华人民共和国成立之初，大泗、白马一带有一新民木偶京剧团。1950年，扬州组建木偶剧团，新民木偶京剧团的主要成员被抽调去扬州，其余人员就地解散。1953年，大泗乡成立文化站。当时文化站设在大泗乡天晓得饭店楼上。1955年，部分戏剧爱好者集资在文化站附近搭建一座简易剧场，场内能容纳500多人。剧场落成后，特邀京剧名家李如春到大泗演出，轰动全县。1969年，大泗新建1座450平方米的影剧院，观众厅没有座椅，演出时观众自带板凳。1972年，影剧院添置32排1024张简易座席，用长木板搁在水泥墩上。1986年，改造成650个座位的翻板座椅。时有2支放映队。影剧院内设有演员宿舍4间、化妆室4间、厨房1间，常年接纳演出团体十多个，年放映电影300场次以上。20世纪90年代后，随着电视的逐渐普及，影剧院上座率日趋下降。2000年，大泗撤乡建镇，乡文化站改为镇文化站。2004年，政府将影剧院改制，出售给私营企业。农村“两金一费”（公积金、公益金、教育附加费）取消后，农村放映队解散。

其时，大泗文化站有活动用房5间，内设录像歌舞厅、阅览室，阅览室藏书3000册。大泗文化站因与影剧院连在一起，在影剧院改制时一起关闭。2005年，国家实施“三送工程”“文化进万家”活动后，村村都建有文化活动室，配置电脑、电视，大大丰富了群众的精神文化生活。2006—2008年，省文化厅开展给黄桥老区乡镇送书、送电影下乡活动。大泗、霍堡、佴陈3个村分别建立农家书屋，各村有书橱4个、图书1000多册。农民每月能免费看电影一次。

2008年，大泗镇文化站组织开展文艺演出、文化培训等活动。2010年7月，大泗镇文化站组织篮球队参加高港区“梅兰春”杯篮球比赛，获第四名。2011年8月，泰州市举行第二届“万泰国际花园”杯中国象棋擂台赛，大泗镇钱正宝获第一名。2015年，大泗镇由退休教师、职工、农民等组成的群众

大泗镇音乐爱好者会聚一堂（2022年摄）

艺术团成立。

2018年，大泗镇群众艺术团获泰州市文化创作节目演出二等奖，腰鼓表演《永唱中国梦》获得二等奖。2019年，歌伴舞《秧歌扭起来》获高港区新创文艺节目调演一等奖。2020年，歌伴舞《我们的新时代》获高港区新创文艺节目调演一等奖、泰州市优秀文艺节目调演一等奖，小品《网格三访解民忧》获江苏省农业法治文化节活动二等奖。2020年，大泗镇建幸福蓝海影院，建筑面积560平方米，年放映电影250余场次，观众达2.8万人。2021年，歌曲《到人民中去》获高港区新创文艺节目调演一等奖。2022年，舞蹈《如此青绿》获泰州市文艺节目调演一等奖。

体育

中华人民共和国成立初期，大泗农村几乎没有大型体育活动，只有小型的、零散的民间体育活动，如踢毽子、跳绳、游泳等。

20世纪50年代，大泗村庄和学校大力开展体育活动。20世纪60年代起，大泗学校每年举行两次田径运动会，不定期举行学生、教师篮球、乒乓球比赛，校与校也经常进行比赛。1976年后，大泗全民体育活动发展迅速，体育项目逐年增多。大队与学校经常进行篮球、乒乓球、象棋等比赛。1989年，大泗乡举办首届农民乒乓球赛、象棋赛，并举办“金叶”杯象棋邀请赛。同年，大泗乡时宏玉代表泰县参加江苏省中学生田径比赛，获男子组400米第一名、男子组800米第二名。大泗小学篮球队1990—1994年连续五年获得泰县小学生篮球赛冠军，1992—1993年连续两次获扬州市小学生篮球赛冠军，1993年获江苏省小学生篮球赛亚军，1994年获全国小学生篮球赛第五名。1994年，大泗乡翁正新获扬州市乒乓球男子单打冠军。1995年，大泗乡被评为扬州市体育先进乡镇。1997年，大泗乡钱正宝、陈兆华、张宏太参加姜堰市农民象棋赛，囊括前三名，获团体冠军。2007年，大泗镇籍运动员于锦获第九届世界武术锦标赛男子散打90公斤级冠军。2008年，于锦获第四届世界杯武术散打比赛男子90公斤级冠军，成为地级泰州市组建以来泰州市的第一位双项世界冠军。

2001—2008年，大泗镇政府投资建体育设施，实现村村有篮球场、健身场。2008年，大泗镇举行全民健身启动仪式，全镇13个村（社区）2000多人参加。活动期间，举行拔河、象棋、扑克牌、300米扛大米接力、200米挑银杏接力等比赛。

2009年，大泗镇加大镇域范围内群众体育场地、体育设施建设力度。至2022年，大泗镇政府先后投入500多万元，在域内13个村（社区）建起体育场地28处、体育公园1个、体育活动室13个，在域内5个生活小区和大泗集镇中心建有体育运动场8处，先后4次增添体育运动场地器材，基本满足了群众体育活动的需求。

大泗镇村民“掼蛋”比赛（2023年摄）

居民生活

中华人民共和国成立后，域内居民生活逐步改善。改革开放后，随着物质财富的日渐增多和社会保障体系日臻完善，群众衣食住行水平不断提高。

收入与消费

中华人民共和国成立前，域内家庭经济主要来源于种田、打工、经商、手工业，收入很低，大多数家庭入不敷出。中华人民共和国成立后，域内家庭经济不断发展。1957年，域内人均年收入80多元。1978年，人均年收入130多元；人均年消费120多元，主要消费在衣食方面。改革开放后，经济发展速度加快，1988年人均年收入达510元，人均年消费480元，主要消费在衣食和住房方面。2011年，人均年收入10250元，是1988年的20

大泗镇集场（2024年摄）

倍，人均消费9800元，主要消费在衣食和住房方面。2022年，镇内居民人均年收入44200元，人均年消费34500元，主要消费在衣、食、住、行、教育、医疗几个方面。其中衣占7.2%、食占24.8%、住占21.5%、行占13%、教育与文化占17.5%、医疗保健占8.5%、其他占7.5%。

衣食住行

衣　旧时，域内居民的服装以家织布为主，少数人衣料为洋布，丝绸。20世纪60年代，域内服饰多以洋布为主，仍有少数人穿家织棉布、麻布衣服。70年代，家织布逐渐消失，卡其，哔叽、的确良、尼龙、涤纶、黏青（人造棉）、的卡、灯芯绒、呢绒、平绒等布料兴起，款式大多为对襟、布纽扣。中山装、衬衫用胶木纽扣或有机纽扣。冬衣有卫生衣、卫生裤，棉袄、棉裤，有条件的穿尼龙衫、绒线衫。80年代，流行羊毛衫、滑雪衫。90年代，牛仔服、T恤、皮装成为中青年男女的衣着主流。进入21世纪，羽绒衫、休闲服兴起，颜色讲究鲜艳、面料讲究高档，品种越来越丰富。

食　旧时，域内农民一日三餐基本是糁儿粥、酸粥、疙瘩汤。20世纪50—60年代，一日三餐为一干一稀一茶。一干为山芋饭、胡萝卜饭、谷米饭、稷米饭、高粱米饭、籼米饭等；一稀为大麦粉、元麦粉、玉米粉做的糁儿粥；一茶就是山芋茶、胡萝卜茶。70年代，域内农田实现旱改水，大面积种植水稻。居民生活得到改善，中午吃米饭的顿数增多了，早晚稀粥也改成了稀饭、面条。80年代后，温饱问题普遍得到解决，居民饮食逐渐由吃得饱向吃得好转变。进入21世纪，餐桌上鸡、鸭、鱼、肉不稀奇，婚丧喜庆均要摆大席，冷盘热菜二十几道。

住　旧时，域内除地主、富农有瓦房、庄园外，其余多是清一色的土坯墙、茅草房。

20世纪60年代末，有少数人家开始建瓦房。条件稍差的就建“草盖瓦檐”（屋面盖草，檐口一圈盖砖瓦），四周是“扶斗”空心墙。80年代初，瓦房占比逐年提升，草房已所剩无几，当时楼房几乎没有。1982年，康乐村吴登喜最早盖起了楼房。1985年，全乡360多户盖楼房。1986—2008年，大泗域内村民开展住房改造建设，多由平房改建为楼房，建有楼房的居民户数达7135户，占总居民户数（9415户）的76%。2009—2022年，域内经过几批次住房动迁，先后建起5个生活小区，不少村民住进生活小区中的商品房或安置房，有的住进豪华别墅。至2022年，大泗镇人均住房面积35平方米，90%的居民住进了楼房或生活小区。

行　中华人民共和国成立前，域内乡间全是土路。出行以步行为主，运输多用独轮车或木船。中华人民共和国成

二陈村民居（2022年摄）

立后，20世纪70年代起，已有少量自行车作代步和运输工具。那时自行车是凭票供应，品牌有上海“凤凰”牌、“永久”牌，天津“飞鸽”牌，无锡“长征”牌等。90年代，摩托车开始流行，“幸福250”独领风骚。小轿车也零星登场。进入21世纪，自行车逐步被电动车代替，更多的小轿车进入农村家庭。2000年，平均每

大泗镇村民家用轿车（2022年摄）

10户家庭有小汽车0.4辆。2022年，平均每10户家庭有小汽车11辆。

社会保障

医疗保险 2003年，大泗镇开始推行新型农村合作医疗保险制度（新农合），采取个人缴纳与财政补助相结合的方式，参保覆盖率逐年增加。2019年9月，推行长期护理险。至2022年，全镇城乡居民基本医疗保险参保缴费达18485人，其中部分减免383名残疾人员。城乡居民基本医疗保险费（缴费金额每人170元），全额减免729名低保人员、困境儿童、重点优抚对象等。2022年度，城乡居民基本医疗保险或儿童医保（学生医保）。城镇职工基本医疗保险、城乡居民基本医疗保险、长期护理保险参保在辖区内基本实现全覆盖，并顺利创成“15分钟医保服务圈”市级示范点。

养老保险 1992年7月，域内开始宣传、推广、办理农村养老保险（老农保）。至2007年，普遍推行农村新型基本养老保险（新农保）。采用个人缴费、集体补助、财政补贴三结合的方式统筹保险金，设定最低缴费和最高缴费标准，由参保人自行选择缴费档次，按年缴费。2022年度全镇城乡居民基本养老保险正常缴费人数为10452人，人均缴费达到2076元，当年缴费水平同比增长87.28个百分点，当年新增领取待遇人员平均累计缴费达19263元，新增待遇人员缴费增幅6%，城乡居民基本养老保险高质量保障水平位列泰州医药高新区（高

大泗镇卫生院为老人免费体检（2022年摄）

港区）乡镇前列。

社会救助 2018年，为妥善解决困难群众的临时生活困难，规范群众临时性、突发性生活困难的救助工作，大泗镇制定《大泗镇帮困救济实施细则》。2022年，向351户395人发放城乡最低生活保障金84.2万元，共救济22人，发放资金3.35万元。

“五保”户供养 2006年，大泗镇根据国家政策，按照“五保”（保吃、保穿、保医、保住、保葬）要求，对镇内五保户、特困户实行“五保”供养，由镇政府、村委会、照料人、五保户本人签订四方协议，采用居家供养（即分散供养）形式。2017年，大泗镇敬老院建成，占地面积6400平方米、建筑面积2670平方米，设床位78张，主要解决集中供养人员的“五保”问题，同时也满足社会其他人员的养老需要。同年，大泗镇政府开始对镇内五保户、特困户采取集中供养和分散供养两种形式进行供养。分散供养维持原有制度，集中供养人员则被统一安排至大泗镇敬老院。分散供养人员和集中供养人员的费用统一按每人每月不低于800元标准执行。集中供养人员的标准略高于分散供养人员的标准。至2022年，大泗镇共供养五保户、特困户58人，其中，分散供养34人、集中供养24人。2022年，供养人员人均每月供养费1000多元。58人全年供养费75万元。此外，大泗镇政府还发给社会其他困难老人养老费共19.3万元。

二陈村居家养老服务中心（2022年摄）

组织机构

中共组织

1943年，大泗成立中共地下组织，隶属中共塘湾区委。1949年1月，大泗解放；7月，建立大泗镇党委。1950年5月，成立大泗区委。1957年10月，撤销大泗区委、大泗镇党委，建立大泗乡党委。1958年9月，大泗乡改为大泗人民公社，建立大泗人民公社党委，隶属泰县县委。1983年7月，撤销大泗人民公社，设立大泗乡，建立大泗乡党委。1994年4月16日，泰县改为姜堰市，大泗乡党委隶属姜堰市委。2000年1月，大泗撤乡建镇，大泗乡党委改称大泗镇党委。2008年9月5日，大泗镇划归高港区代管，大泗镇党委隶属高港区委。2021年6月，“两高”（泰州医药高新区、泰州市高港区）融合，大泗镇党委隶属泰州医药高新区党工委（高港区委）。

政府组织

1949年1月，大泗解放；7月，设立大泗镇人民政府，隶属泰县县政府。1950年5月，成立大泗区公所。1957年10月，撤销大泗区公所、大泗镇人民政府，成立大泗乡人民政府。1958年9月，实行人民公社化，大泗乡改为大泗人民公社。1969年，建立大泗公社革命委员会。1983年7月，大泗撤销公社设乡，建立大泗乡人民政府，隶属泰县县政府。1997年4月，泰县改为姜堰市，大泗乡人民政府隶属姜堰市政府。2000年1月，大泗撤乡设镇，建立大泗镇人民政府。2008年9月5日，大泗镇人民政府隶属泰州市高港区人民政府。2021年6月，大泗镇人民政府隶属泰州医药高新区管委会（高港区政府）。

人大组织

1957—1966年，选举出的大泗乡人民代表大会代表，届期为2年。

20世纪80年代初，大泗公社人民代表大会选举产生公社行政领导，每届任期3年，公社人民代表大会每年举行一次会议。1983年7月，撤销大泗公社，设立大泗乡后，设立大泗乡人民代表大会。1995年，大泗镇实行普选，首次选举大泗乡人大代表和泰县人大代表。1997年，设立人大主席团主席，负责全乡人民代表大会常务工作。大泗乡人民代表大会每届5年。2000年1月，大泗撤乡设镇，大泗乡人民代表大会改称大泗镇人民代表大会，大泗乡人大主席改称大泗镇人大主席。

大泗镇（区、乡、公社）历届党委主要负责人一览表

表3

组织名称与职务	姓　名	任职时间
大泗区（乡）党委书记	徐锦宽	1950.9—1955.12
大泗乡党委书记	程文廉	1955.12—1958.9
大泗人民公社党委书记	程文廉	1958.9—1962.7
大泗人民公社党委书记	陈万和	1963.3—1968.12
大泗人民公社党委书记	叶广成	1968.12—1971.12
大泗人民公社党委书记	周　彬	1971.12—1977.9
大泗人民公社党委书记	孙书伦	1977.9—1981.3
大泗人民公社（乡）党委书记	丁光甫	1981.3—1986.9
大泗乡党委书记	李仁富	1986.9—1990.9
大泗乡党委书记	陈银喜	1990.9—1994.12
大泗乡党委书记	孙伦高	1994.12—1996.9
大泗乡党委书记	张永红	1996.9—1999.12
大泗镇党委书记	张小兵	2000.3—2000.9
大泗镇党委书记	树桂义	2000.9—2004.3
大泗镇党委书记	殷玉进	2004.3—2005.6
大泗镇党委书记	薛维昌	2005.6—2006.2
大泗镇党委书记	肖志勇	2006.2—2012.5
大泗镇党委书记	李金寿	2012.5—2013.11
大泗镇党委书记	魏玉云	2013.11—2018.11
大泗镇党委书记	于勇军	2018.11—2021.5
大泗镇党委书记	刘　瑾	2021.5—

大泗镇（区、乡、公社革委会）历届政府主要负责人一览表

表4

机构名称与职务	姓　名	任职时间
大泗区、乡（区、乡）长	夏如玉	1950.9—1955.12
大泗乡乡长	李风祥	1955.12—1958.9
大泗人民公社社长	程文廉	1958.9—1962.7
大泗人民公社社长	孙绍美	1962.7—1968.12
大泗人民公社革委会主任	叶广成	1968.12—1971.12
大泗人民公社革委会主任	周　彬	1971.12—1977.9
大泗人民公社革委会主任	孙书伦	1977.9—1981.3
大泗人民公社革委会主任	丁光甫	1981.3—1983.9
大泗乡乡长	王存德	1983.9—1986.12
大泗乡乡长	杭长福	1986.12—1990.9
大泗乡乡长	陈祥凤	1990.9—1999.1
大泗乡乡长	李建平	1999.1—2000.3
大泗镇镇长	花长开	2000.3—2001.10
大泗镇镇长	殷玉进	2000.10—2004.3
大泗镇镇长	薛维昌	2004.3—2006.2
大泗镇镇长	肖志勇	2006.2—2009.2
大泗镇镇长	刘长军	2009.2—2011.11
大泗镇镇长	丁新成	2012.2—2013.4
大泗镇镇长	包　亚	2013.4—2013.6
大泗镇镇长	于勇军	2015.1—2018.11
大泗镇镇长	刘　瑾	2018.11—2021.5
大泗镇镇长	徐　旭	2021.5—

大泗乡、镇历届人大主要负责人一览表

表5

组织名称与职务	姓　名	任职时间
大泗乡人大主席	程祥华	1997.3—1998.8
大泗乡人大主席	张永红	1998.8—2000.3
大泗镇人大主席	张小兵	2000.3—2000.9

续表

组织名称与职务	姓　名	任职时间
大泗镇人大主席	树桂义	2000.9—2004.3
大泗镇人大主席	殷玉进	2004.3—2005.6
大泗镇人大主席	薛维昌	2006.2—2007.11
大泗镇人大主席	程永进	2007.11—2011.4
大泗镇人大主席	李康荣	2011.4—2012.3
大泗镇人大主席	陶春山	2012.3—2013.7
大泗镇人大主席	许建中	2013.7—2014.1
大泗镇人大主席	周鑫科	2014.1—2015.1
大泗镇人大主席	戴曙光	2015.1—2022.1
大泗镇人大主席	陈海燕	2022.1—

政协组织

2015年6月，大泗镇设立政协工作委员会。2017年4月，大泗镇不再设政协工作委员会。

第二篇　镇村建设

大泗镇在镇村建设进程中，坚持“镇当城建，村要自然”的理念，锚定“大健康产业”和“特色小城镇”两大建设目标展开镇村建设工作。在集镇区西北建成江苏中药科技园；在集镇区内，重点实施供电、供水等基础设施建设，建好“四好”（建好、管好、护好、运营好）农村路。注重民宅民居建设，建起5个生活小区。注重生态环境、园区、文化公园建设。注重公共设施、营商环境、旅游环境建设。在各村注重村民住房的统一规划建设和人居环境打造。2020年11月，大泗镇获评全国文明镇。2021年8月，大泗镇霍堡村获评江苏省特色田园乡村。2022年2月，大泗镇佴陈村获评江苏省生态宜居宜业美丽乡村示范村。

发展规划

2015年，大泗镇党委、政府按照《中华人民共和国城乡规划法》《江苏省城乡规划条例》等法律法规，并结合大泗镇实际，制定《大泗镇总体发展规划（2016—2030年）》。总体规划包括规划目标、土地利用规划、综合交通规划、绿地和水系规划、景区规划等。

规划目标

《大泗镇总体发展规划（2016—2030年）》的规划目标是从区域整体利益和长远利益出发，充分发掘大泗镇的自然生态特色、社会历史文化特色，建设经济、社会、环境三大效益和谐统一，彰显“医药养游”地方特色的小城镇。镇区规划范围东至双马河及双马路一线，南至镇界及金果路一线，西至泰镇高速防护绿地及镇界一线，北至科教路，规划建设总面积36.76平方千米。在经济发展领域，推进产业结构调整，优化产业结构比例，提高城镇经济整体素质，实现第一、二、三产业的协调发展。规划2016—2020年地区生产总值年均递增15%，2021—2030年，年均递增8%，到2030年实现地区生产总值41.73亿元。

土地利用规划

2016—2030年，大泗镇将构建“三中心”（大泗工业中心、大泗生活中心、大泗高校服务中心）格局。进一步提升工业集中区能级，丰富生活服务区内涵，优化教育服务区布局。大泗镇规划一类居民用地1589.6亩，占建设用地的23.7%；规划二类居住用地1284.6亩，占规划建设用地的19.18%。规划保留现状幼儿园一所，位于姜泗路北侧、泗白路东侧；规划新建一所幼儿园，位于杨营路北侧、泗白路西侧。两处幼儿园用地面积20.55亩，占规划建设用地的0.31%。商住混合用地主要布置于府前路、泗白路两侧，规划用地面积284.4亩，占规划建设用地的4.23%。

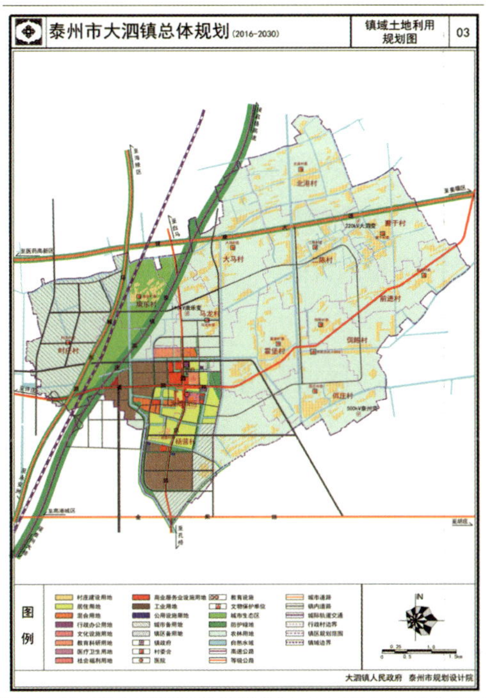

泰州市大泗镇镇域土地利用规划图（2016—2030）

公共管理与公共服务设施用地主要包括行政办公、文化活动、教育科研、医院等类型，规划用地315.15亩，占规划建设用地的4.7%。规划行政办公用地29.4亩，占规划建设用地的0.43%。规划工业用地1918.2亩，占规划建设用地的28.63%。规划道路与交通设施用地556.2亩，占建设用地的8.3%。规划公共设施用地16.8亩，占建设用地的0.25%。规划绿地与广场用地684.6亩，占建设用地的10.2%。

综合交通规划

2016—2030年，大泗镇交通规划全面完善路网管理结构，贯通主干道，加密支路，梳理道路功能，形成交通与土地利用一体化的布局模式，构建绿色交通体系。具体的做法是优化各级各类公交站点布局，增加公共停车设施，调控停车供应。划分道路等级，加强道路红线管理。塑造更加安全宜人的交通环境。大泗镇区域道路系统规划分为主干路、次干路、支路三个等级。主干路规划形成“两横三纵”的基本格局，“两横”为姜泗路、杨营路，“三纵”为泗白路、双马路、泗孔路；次干路有泗水路、学苑路、港北路、府前路等。主、次干道红线内建筑物、构建物在改造扩建时必须退出红线。规划在镇区内建社会停车场3处（泗白路与野田路交叉口东南侧停车场、学苑路与前进路交叉口东北侧停车场、工农路与纬一路交叉口东北侧停车场）。

绿地和水系规划

2016—2030年，大泗镇绿地规划区域内强调水绿交融，突出大泗小镇建设特色。构筑滨河、沿路绿地的绿化骨架，形成一个与水系紧密结合的网络化生态绿地系统，贯穿整个大泗镇区。构建“点、线、面”相结合的城市景观系统。“点”指广场、块状绿地、公园等景观节点；“线”指沿大寨河、文昌河、前进河、杨营河的景观；“面”指大泗镇生态公

泰州市大泗镇镇域综合交通规划图（2016—2030）

园、杨营河公园。大泗镇生态公园位于镇区东部，面积90.05亩。杨营河公园规划位于泗白路东侧、杨营河南侧，规划面积36.6亩。镇区内街头绿地由小游园、沿河绿带和沿路绿带组成。大泗镇水系规划以大泗镇区内现有水系为基础，构建人水相亲的生态河道体系。通过水系规划，以生态的理念整治镇区水环境，尽可能依靠天然河湖“长藤结瓜”，形成点、线、面水网，合理扩展水域面积，以水养绿，水面、绿地协调共建，打造镇区丰富的生态开放空间，达到大泗特色小镇的目标。

园区规划

大泗镇规划依托江苏中草药科技园，按照区域融合、功能集聚、分工有序的原则，推动区域布局与建设用地等要素有效衔接，形成城乡统筹、功能完善的城镇区域结构。以“政府引导、企业主体、市场运作”为原则，以“医、药、养、游”融合发展为定位，积极拓展产业发展的深度空间，致力打造别具一格的中医药特色小镇。围绕小镇核心区打造六大功能区和一个产业园。六大功能区分别为原生园、药香中国、绿色生产区、小镇传统宜居生活区、小镇现代宜居生活区、五季农场；一个产业园即医疗科技产业园。

基础设施

中华人民共和国成立后，域内重点进行农田水利建设和公共服务设施建设。改革开放后，域内进一步加大交通、水利、住房、环境、城镇化等基础设施建设力度。至2022年，大泗镇建起县（区）镇主干道17条、主干河桥梁39座、电灌站33座、固定电泵站78处、硬质渠总长6.5万米；治理高沙田1.5万亩，改造中低产田4999亩。水电气供应全覆盖，70%的区域实现数字化、电算化。

道路

中华人民共和国成立初期，域内没有公路，东西方向只有一条3米宽、弯曲不平的乡村土路。1958年，建姜泗公路（姜堰至大泗），路宽5—6米，为晴通雨阻土路，大泗域内长9千米。1972年，姜泗公路铺设砂石路面。1993年，姜泗公路扩建改造，修建14米宽的沥青路面，三级公路标准。1998年，建泗野砂石公路（大泗至野徐），大泗段长4.5千米、路宽5米。2005年，泗野公路扩建为6.5米宽的水泥路。2007年，塘许路（塘湾至许庄）泗许段建成，大泗段长5千米、路宽12米，按省道二级标准建设。2001—2008年，全镇改造市镇级公路3条，即姜泗公路、泗野公路和塘许公路；修建乡村水泥路道23条，包括周桥大道、西干河大道、双马大道、时庄大道、佴庄路大道等，总长65千米，造价1137.5万元；改造村组水泥路10条，总长15千米，造价187万元。2009—2022年，新建白许线、马陈线、大曹线等公路43条，总长40.87千米。其中白许线为双向四车道，路宽22米、长2.78千米。2016年，阜溧高速泰州段（泰镇高速）建成通车，为大泗镇首条高速公路。

阜溧高速　阜溧高速泰州段又称泰镇高速，于2016年12月建成通车，北联启扬高速公路淤溪枢纽，南接泰州长江公路大桥北接线和宁通高速公路的宣堡枢纽，中间设海陵互通、泰州东互通、大泗互通和大泗服务区。路线全长27.8千米，全线按双向四车道高速公路标准设计，路基设计宽度为28米，设计车速为每小时120千米，沿线桥涵设计汽车荷载等级采用公路Ⅰ级，镇域内长2.4千米。

泗白路 中华人民共和国成立前，大泗至白马仅有一条土路相连，是大泗向北的唯一道路，20世纪80年代改为石子路。2017年，政府投资扩建泗白路，于2019年建成通车。该路为一级公路，起于白马镇迎宾路、海军东路相交处，沿迎宾路向南与姜高路相交，穿越陆家村、泰镇高速后连接老泗白路，于陈家村东侧跨越生产河，进入大泗镇辖区，止于金果路。全长9.1千米、路基总宽33米，双向四车道，沥青混凝土路面。大泗镇内长6.3千米，北起马龙村金龙桥，南至杨营村，途经大泗镇内马龙村、康乐村、大泗社区、杨营村。

姜泗路 初建于1958年，1993年改扩建，为二级公路。西起大泗镇，东至姜堰客运站，全长9.9千米，大泗镇内全长7.6千米，路基宽14米，双向两车道，沥青混凝土路面。

大前线 建于2003年，为二级公路。西起大泗社区，东至前进村，途经佴陈村、霍堡村。全长7.39千米、路基宽15米，双向两车道，沥青混凝土路面。

学苑路 建于2013年，为三级公路。北起大泗镇金港路，南至宣泗路，全长2.3千米、路宽10米，双向两车道，水泥混凝土路面。

双马线 建于2005年，为四级公路。北起大马村，南至马龙村，途经霍堡村，全长3.1千米、路基宽7米，双向两车

大泗镇新泗白路（2023年摄）

大泗镇姜泗路（2023年摄）

道，水泥混凝土路面。

二陈公路 始建于2005年，2011年扩建，为四级公路。北起二陈村，南至佴庄村，全长5.2千米、路基宽7米，双向两车道，水泥混凝土路面。

大北线 建于2005年，为四级公路。南起大马村，北至北港村，全长4.29千米、路基宽7米，双向两车道，水泥混凝土路面。

白许线 2006年全线贯通，为三级公路。北至白马镇，南至许庄街道，全长4.42千米、路宽7米，双向两车道，水泥混凝土路面。

陈佴线 建于2005年，为四级公路。北起二陈村，南至佴陈村，全长1.66千米、路基宽7米，双向两车道，水泥混凝土路面。

大康线 建于2005年，为四级公路。西起康乐村，东至大泗社区，全长1.1千米、路宽7米，双向两车道，水泥混凝土路面。

佴庄线 始建于1998年，2005年扩建，为四级公路。北起佴陈村，南至佴庄村。全长1.84千米、路基宽7米，双向两车道，水泥混凝土路面。

杨宣线 始建于1992年，2004年扩建，为四级公路。西起杨营村，东至泰兴市宣堡镇，全长3.78千米、路基宽7米，双向两车道，水泥混凝土路面。

杨霍路 建于2016年，为四级公路。西起杨营村，东至霍堡村，全长1.98千米、路基宽7米，双向两车道，水泥混凝土路面。

大马中心路　建于2005年，为四级公路。西起大马村，东至二陈村，全长1.5千米、路基宽5米，双向两车道，水泥混凝土路面。

二曹路　建于1998年，为四级公路。西起二陈村，东至曹于村，全长1.96千米、路基宽6米，双向两车道，水泥混凝土路面。

马陈路　建于2019年，为四级公路。西起大马村，东至二陈村，全长2.4千米、路基宽7米，双向两车道，水泥混凝土路面。

港北路　建于2005年，为四级公路。是北港村内部的南北道路，全长1.97千米、宽7米，双向两车道，水泥混凝土路面。

桥梁

中华人民共和国成立前，大泗域内的河流有两泰官河、鸭子河。两泰官河上架木桥2座，即大泗桥、小泗桥（后被拆除）。大泗桥位于大泗集镇西街，是从西南方向进入集镇的必经之处。鸭子河上架石桥3座，即秀雅桥、彩凤桥、金龙桥。秀雅桥于1941年由当地2位富绅合建，桥宽4米，桥长40米。1946年，为遏制塘湾一带反动派南下，新四军将南端桥面破坏。此后，以渡船贯通两岸。1965年，政府用木头修补，将桥面接通。1989年，大泗乡拆除旧秀雅桥，在原址新建钢筋水泥桥，并更名为野桥。

1958年，全国掀起兴修水利运动，大泗先后开挖生产河、西干河、前进河、

大泗镇金龙桥（2024年摄）

大泗镇霍堡桥（2024年摄）

大寨河、新跃河等8条河道，并兴建多座桥梁。至2000年，全镇共有桥梁64座，均为20世纪60—80年代建造，因年久失修，桥梁大多破损严重，桥身狭窄，收割机及汽车不能通行，影响正常生产生活。2001年起，大泗镇开始拆旧桥建新桥。至2022年年底，镇内共有交通桥梁45座，其中多数是21世纪后建造。

2022 年大泗镇桥梁情况一览表

表6

名称	中心桩号	全长（米）	跨径（米）	单孔最大跨径（米）	全宽（米）	设计荷载等级	上部构造结构形式	下部构造结构形式	桥面铺装类型	建成时间
鳅鱼港桥	0.03	50	48	16	8.2	汽车 -20级	空心板梁	重力式墩台	水泥混凝土	1982
三星桥	4.03	39	33	11	8	公路Ⅱ级	空心板梁	重力式墩台	水泥混凝土	1992
西大桥	3.43	60	52	12	7.5	汽车 -20级	空心板梁	重力式墩台	水泥混凝土	1992
时庄桥	0.41	39	33	11	8	公路Ⅱ级	空心板梁	重力式墩台	水泥混凝土	1995

续表

名称	中心桩号	全长（米）	跨径（米）	单孔最大跨径（米）	全宽（米）	设计荷载等级	上部构造结构形式	下部构造结构形式	桥面铺装类型	建成时间
野桥	0.03	45	39	13	7.5	汽车 –20 级	T 梁	重力式墩台	水泥混凝土	1996
曹于中桥	1.78	38	33	11	5	汽车 –20 级	空心板梁	重力式墩台	水泥混凝土	2000
陈北桥	1.11	59	53	13	4	汽车 –20 级	空心板梁	重力式墩台	水泥混凝土	2000
杨营中沟 2 号桥	0.33	36	31	11	7	公路Ⅱ级	空心板梁	桩（柱）式墩台	水泥混凝土	2000
于家桥	0.14	50	48	16	4.5	汽车 –20 级	空心板梁	重力式墩台	水泥混凝土	2000
兆银桥	8.64	36	30	30	12	公路Ⅱ级	空心板梁	重力式墩台	沥青混凝土	2004
曹于桥	0.6	20	16	16	5	公路Ⅱ级	T 梁	重力式墩台	水泥混凝土	2005
霍堡东桥	3.65	57	56	16	12	公路Ⅱ级	空心板梁	重力式墩台	沥青混凝土	2005
霍堡桥	4.51	16	16	16	12	公路Ⅱ级	空心板梁	重力式墩台	沥青混凝土	2005
马龙桥	2.56	38	33	13	7	公路Ⅱ级	空心板梁	桩（柱）式墩台	水泥混凝土	2005
前进河桥	7.32	50	48	16	12	公路Ⅱ级	空心板梁	重力式墩台	沥青混凝土	2005
前进桥	1.27	37	35	13	12	公路Ⅱ级	空心板梁	重力式墩台	沥青混凝土	2005
周垛桥	1.68	45	39	13	7	公路Ⅱ级	空心板梁	重力式墩台	水泥混凝土	2005
曦阳桥	1.4	45	39	13	4.5	公路Ⅱ级	T 梁	重力式墩台	水泥混凝土	2007
金龙桥	0.91	20	16	16	5	公路Ⅱ级	T 梁	重力式墩台	水泥混凝土	2008
杨营中沟 1 号桥	2.05	43	39	13	4.5	公路Ⅱ级	空心板梁	重力式墩台	水泥混凝土	2008
陈北桥	0.53	39	33	13	5	公路Ⅱ级	空心板梁	重力式墩台	水泥混凝土	2009
陈西桥	0.04	56	50	10	7	公路Ⅱ级	空心板梁	重力式墩台	水泥混凝土	2009

续表

名称	中心桩号	全长（米）	跨径（米）	单孔最大跨径（米）	全宽（米）	设计荷载等级	上部构造结构形式	下部构造结构形式	桥面铺装类型	建成时间
大马南桥	0.67	39	33	11	4.8	公路Ⅱ级	空心板梁	重力式墩台	水泥混凝土	2009
二陈桥	1.7	45	39	13	5.5	公路Ⅱ级	空心板梁	重力式墩台	水泥混凝土	2009
河北桥	0.38	36	30	10	4.5	公路Ⅱ级	空心板梁	重力式墩台	水泥混凝土	2009
前进四组桥	1.72	36	30	10	4.8	公路Ⅱ级	空心板梁	重力式墩台	水泥混凝土	2009
小马桥	0.09	39	33	11	4.8	公路Ⅱ级	空心板梁	重力式墩台	水泥混凝土	2009
兴佴桥	0.34	39	33	13	7.6	公路Ⅱ级	空心板梁	重力式墩台	水泥混凝土	2009
曹河桥	0.99	39	33	11	4	公路Ⅱ级	空心板梁	重力式墩台	水泥混凝土	2011
小学桥	0.11	38	33	13	7	公路Ⅱ级	空心板梁	桩（柱）式墩台	水泥混凝土	2013
金苑桥	0.8	38	33	13	7	公路Ⅱ级	T梁	重力式墩台	水泥混凝土	2015
红星桥	9.83	33	30	10	37	公路Ⅱ级	空心板梁	重力式墩台	沥青混凝土	2017
粮库桥	0.37	24	20	20	6	公路Ⅱ级	空心板梁	重力式墩台	水泥混凝土	2017
学苑桥	0.56	24	20	20	16	公路Ⅱ级	空心板梁	重力式墩台	水泥混凝土	2017
杨营桥	9.31	20	16	16	37	公路Ⅱ级	空心板梁	重力式墩台	沥青混凝土	2017
北田中心桥	0.22	43	39	13	7	公路Ⅱ级	空心板梁	重力式墩台	水泥混凝土	2019
陈北西干桥	0.03	48	48	16	6	公路Ⅱ级	空心板梁	重力式墩台	水泥混凝土	2019
大马七组桥	1.56	33	30	10	6	公路Ⅱ级	空心板梁	重力式墩台	水泥混凝土	2019
大寨河中桥	7.94	44	40	20	25	公路Ⅱ级	空心板梁	重力式墩台	水泥混凝土	2019
东港桥	0.56	33	33	11	25	公路Ⅱ级	空心板梁	重力式墩台	水泥混凝土	2019

续表

名称	中心桩号	全长（米）	跨径（米）	单孔最大跨径（米）	全宽（米）	设计荷载等级	上部构造结构形式	下部构造结构形式	桥面铺装类型	建成时间
府前河中桥	8.19	37	33	11	25	公路Ⅱ级	空心板梁	重力式墩台	水泥混凝土	2019
梁大线东延桥	0.04	46	42	14	7	公路Ⅱ级	空心板梁	重力式墩台	水泥混凝土	2019
文昌桥	0.26	39	33	11	6	公路Ⅱ级	空心板梁	重力式墩台	水泥混凝土	2019
兴业桥	0.03	46	42	20	7	公路Ⅱ级	空心板梁	重力式墩台	水泥混凝土	2019
张曹路桥	0.29	33	33	11	7	公路Ⅱ级	空心板梁	重力式墩台	水泥混凝土	2019

水利工程

域内属高沙土地区，历史上主要种植旱田作物。1959年，大泗人民公社开始实施旱田改水田工程。1965—1975年，大泗人民公社先后兴建电灌站33座，灌溉面积1624.95亩。1974—1979年，开挖干沟6条。至1988年，大泗农田田间工程已形成电灌、干渠、支渠、排水沟、隔水沟、降渍沟等水系配套，确保旱涝保收。2002年，大泗镇开始修筑水泥硬质渠（防渗渠）。至2008年年底，全镇修建硬质渠6.5万米，占总灌溉渠道长度的55%，除高垛地、旱谷地和十边隙地外，全部实现机电引水灌溉。全镇累计治理高沙田1.5万亩，改造低产田4999.95亩。全镇有机电固定泵站78座，动力1578千瓦，灌溉面积1.9万亩。至2022年，实现全镇农田机电引水灌溉全覆盖，有效灌溉面积达3.28万亩。

邮政与电信

中华人民共和国成立初期，大泗域内有了第一家邮电局，设在大泗中街张强家中，有工作人员2人。1959年，邮电局迁至大泗东街，有房屋3间，主要经营收寄信件及包裹、收发电报、电话通信业务。1992年，邮电局新增500门程控交换机1台，有用户116户。1998年，新邮电大楼落成。同年，大泗邮电局实行邮政、电信分设。2008年，大泗邮政支局纯收入达250万元。2022年，大泗邮政支局有员工11人，管理客户资产规模9亿元，服务客户3万多人，年收入910万元。

1998年，大泗乡成立姜堰市电信支

大泗镇邮政和电信营业部（2024年摄）

局大泗营业所。2003年，大泗电信支局成立。至2008年，大泗电信支局拥有万门程控交换机1台、移动基站2座，电信线路长8万千米，宽带固定用户7000多户、手机用户2000多户、电信宽带用户1500多户，年营业收入230万元。2022年，大泗电信支局有3家营业厅，员工10人，年收入780万元，手机用户9800多户，其中5G用户6860户、宽带用户4930户。是年，大泗电信支局完成全国农村综合性改革试点数字乡村板块项目，该项目入选省第二批乡村治理典型名单。

广播电视

1962年2月，大泗广播站开通，配备1台50瓦的机台，街上安装几只高音喇叭，没有专用广播线，借用邮电局的电话线接收信号，最初，广播站以转播泰县广播站节目为主。1964年7月，广播站搬至大泗人民公社，配有一台500瓦的机台，除定时转播县广播站节目外，还能发通知，穿插其他节目。1969年6月，大泗人民公社安排一间房子做广播站，配有录音设备，各生产队户上安装舌簧喇叭，每只3元左右，“五保”户、残疾家庭折半收费，全公社队户通响率达80%以上。1976年2月，大泗广播站上划给泰县广播电台。1992年3月，大泗乡人民政府在乡政府大楼右侧新建5间3层、面积400平方米的广播大楼。1994年7月，大泗广播站改为大泗广播电视站，开办有线电视传播网络。当年底，有线电视基本覆盖全乡30个行政村、200个村民小组。1997年5月，域内有线电视与泰州电视台联网。至2000年，域内有线电视用户增加到2000多户。2008年，有线电视用户增加到近5000户。2009年，有线电视信号由模拟传输改为数字传输。至2022年，大泗镇有线电视线路由光缆到站逐步改为光缆到户，用户覆盖率100%。

供水

解放初期，大泗域内只有一口水井。20世纪80年代初，水井陆续开挖，大部分人家饮用水仍以河水为主。1986年，大泗乡党委、政府通过发动群众捐资、集资，筹措资金近20万元，在大泗村2组、大泗粮管所东新建大泗自来水厂，供水范围覆盖大泗村、小庄村、三星村、时南村、时庄村、野桥村、康乐村、金龙村、小马村、大马村等10个村70个村民小组及集镇上的乡镇企事业单位，用上自来水的村组占全乡总村组的30%。1998年2月，大泗自来水厂筹集资金近100万元，在西干河西边、姜泗公路南侧霍堡村5组征用土地5.3亩，建设大泗第二自来水厂（后更名为泰州市高港区金天自来水有限公司）。厂区建筑面积954平方米，固定资产460.53万元。日供水量2500吨，解决20个村130个村民小组未通自来水问题。至2008年，大泗镇实现村村通水，自来水用户达7508户。2012年6月1日，泰州市高港区金天自来水有限公司接通长江水，实现24小时供水。

至2022年，全镇共铺设外网主管道185.2千米，泰州市高港区金天自来水有限公司承担着大泗镇11个行政村、1个社区（大泗社区）和许庄街道赵王村的供水任务，供水区域近40平方千米，供水总户数9477户，受益人口3万多人，入户率达99%，实现村村、组组通水。

佴庄村供水管道（2024年摄）

供电

20世纪60年代初，大泗人民公社往张甸人民公社、顾高人民公社方向架设起1条10千伏高压线路，装有1台10千伏变压器，大泗域内机关、企事业单位、附近农户和大马电灌站逐步用上电，其余人家仍用煤油灯、蜡烛照明。1971年，泰县供电局在大泗人民公社大马大队10组建造1座35千伏的变电所，装1台5000千瓦的变压器，向大泗、张甸、白马、野徐4个人民公社输送10千伏的电源，域内用电户逐渐增多。到1980年，全公社用电户率达50%以上。1990年后，大泗乡用电户率达100%。2003年，大泗农电站对低压线路进行全面改造。2008年年初，大泗镇少数村组安装路灯，到年底，集镇共安装路灯621盏，线路长6.3千米；村庄安装路灯212盏，线路长2.2千米。全镇有综合变压器81台，总容量15600千瓦，年供电量1300万千瓦时；有10千伏线路63千米、400伏线路164千米；用户8800户，部分用户采用峰谷电计价。

2022年，大泗镇共有用电户13001户，其中居民用户10663户，占82.02%；非居民用户2338户，占17.98%。有10千伏线路8条，变压器48台，容量1.6万千伏安；低压线路471条，线路长211.04千米，400伏变压器247台。

供气

2013年和2014年，大泗镇泗水人家小区和文昌花苑小区建成。当时，进入小区的居民生活都是用煤气罐、煤气灶。2015年，2个小区铺设天然气管道5.69千米，居民逐步用上管道天然气。至2022年年底，大泗镇建成泗水人家、文昌花苑、康锦佳园、泗月里家园、润江公寓5个生活小区，有426户小区居民用上管道天然气，占小区总户数的56.05%；其他村庄居民使用瓶装液化气。

城镇建设

2008年，大泗镇隶属泰州市高港区管辖后，城镇建设步伐加快。至2022年，先后建成5个生活小区、十多条街区主干道、多家菜场、商场，建成大泗镇生态公园、公交客运站、游客接待中心等公共设施。

住宅小区

文昌花苑安置小区 为泰镇高速区拆迁安置项目，位于学苑路东、姜泗路北。占地面积4.74万平方米，总建筑面积5.43万平方米，由江苏中城设计研究院

文昌花苑安置小区（2024年摄）

有限公司设计，江苏淮安交通勘察设计研究院有限公司勘探，江苏金丰华工程监理咨询有限公司监理，江苏圆融建筑工程有限公司承建，共有100套联排住宅和152套多层套房，项目总投资7000万元。工程于2014年年初开工建设，2015年12月竣工。共安置拆迁户160户，其中联排住宅44户、套房116户。

泗水人家生活小区 位于润江公寓南侧、泗白路西侧、泗商路东侧、府前路北侧。为安置小区，2011年开工建设，2012年建成。由农户自愿申请建设多层套房，泰州市泗水城市投资发展有限公司代建，扬州迪森建筑设计有限公司设计，江苏圆融建筑工程有限公司承建，江苏开源工程咨询监理有限公司监理，占地面积1.87万平方米，建筑面积1.76万平方米。至2022年，共入住78户。

康锦佳园生活小区 为355省道拆迁安置区项目，位于学苑路西、姜泗路南。工程于2015年年底开工建设，2016年11月竣工。占地面积1.45万平方米，建筑面积1.99万平方米，共有12套联排住宅和80套多层套房，项目总投资4000多万元，由江苏中城设计研究院有限公司设计，江苏淮安交通勘察设计研究院有限公司勘探，江苏开源工程咨询监理有限公司监理，江苏圆融建筑工程有限公司承建。竣工当年，共安置拆迁户11套。

泗月里家园安置小区 位于大泗镇泗白路东侧、府前路南侧。2020年开工建设，2022年12月竣工。建筑面积7.11

泗水人家生活小区（2022年摄）

康锦佳园生活小区（2023年摄）

泗月里家园安置小区（2024年摄）

润江公寓（2023年摄）

万平方米，共20栋建筑单体（4栋9层、4栋5层、12栋3层）及一层地下室，总投资2.82亿元。工程实施单位为泰州引江城市开发建设有限公司，建设单位为江苏大江建设工程有限公司。泗月里家园安置小区共279套住宅，其中联排住宅75套、高层多层住宅204套，已经安置拆迁户178户。

润江公寓 位于大泗社区泗白路西侧、姜泗路南侧。2013年开始建造，2015年建成。占地面积7291平方米，建筑面积1.17万平方米，绿化面积1677平方米。共建有10套门面房，54套多层套房，总投资4000万元。至2022年，该公寓已租售率90%。

沿街商铺

中华人民共和国成立初期，大泗集镇区街道东起小石桥，西至大桥头，长300多米。街道弯曲狭窄，最狭处只容一辆独轮车通行。1958年，街道进行首次整治，拆除狭窄段店面房，截弯取直，街宽扩至5米左右。1978年，街道进行第二次整治，拆除部分住房，拓宽街道，建成大泗百货大楼。1983年秋，街道进行第三次整治，铺设水泥路面，告别泥土街，路两侧安装路灯。1988—1990年，先后建成泗水街、北大街，街道两边建有泗水商场、农贸市场、银行、税务、邮电、电力、农机、乡政府等的办公楼。

大泗镇区一角（2023年摄）

1994—1997年，大泗乡出资填埋沿街两侧废沟塘，新建工农街，大泗集镇形成“两横两纵井字式”格局。1998—2001年，府西街、府前街相继建成。2005年，府东大道建成，大道中段设白玉石景观桥1座，命名为兆银桥。2008年，集镇面积达3平方千米，东西有道路2条，南北有道路4条。2010年，拓宽府东大道，建成机动车四车道、非机动车道及人行道，路宽33米，并延伸150米到府前路。2016年后，府东大道又向南延伸2千米到金果路。至2022年年底，大泗集镇共有街道8条，其中南北向4条、东西向4条。有超市5家，宾馆、旅馆8家，饭店、小吃店40多家，有从事小商品买卖和服务行业的店铺100多家。

江苏中药科技园

参见第四篇旅游开发之江苏中药科技园。

大泗镇生态公园

参见第四篇旅游开发之大泗镇生态公园。

村庄建设

民房建设

中华人民共和国成立前，大泗域内有20多个村庄、4000多户人家，居住房屋多数为三架梁、五架梁草房，所用材料多数为芦苇夹帐壁、泥巴墙，少数为七架梁砖瓦房。中华人民共和国成立后，村民住房条件不断改善。20世纪70—80年代，部分人家将房屋改建为七架梁砖木结构房，另设小厢房，用作厨房及养猪。80年代末至90年代初，拆旧房（五架梁、七架梁），建新房（七架八砌），域内草房基本绝迹，新建房屋用材有木材、钢筋、水泥等。至1990年，全镇建七架八砌房屋2120户，其中大泗村最多，有500户；其次为二陈村，

霍堡村民房（2022年摄）

文昌花苑安置小区（2022年摄）

有380户。也有建两层楼房的，共有19户。1996—2000年，农村建房开始升级。当时有句顺口溜："七架八砌，等于不砌，要砌房就得砌楼房。"5年间，全镇2000多户农户建楼房。2001年后，农户建房标准又有提升，讲究楼房设计，注重建房质量和室内装修。大多数房屋为多边形屋面，别墅风格，整体预制，琉璃脊瓦，金属门窗，造价通常在30万元左右。1988—2022年，全镇6721户建楼房，住生活小区的户数占总户数的68.38%。

居民动迁

2013—2020年，大泗镇共有4个项目开发，涉及动迁安置243户，分别为：2013年，泰镇高速项目开发，拆迁108户，安置于文昌花苑小区；2015年，泰镇高速大泗互通项目开发，拆迁6户，安置于文昌花苑小区；2017年，特色小镇核心区及泗白路改扩建项目开发，拆迁104户，安置于文昌花苑小区及泗月里家园生活小区；2020年，兴化长江水引水工程项目开发，拆迁25户，安置于泗月里家园生活小区。

生态环境

大泗镇一直高度重视生态环境保护工作，投入专项资金，对全域环境进行改造，对河道实施常态化管理，对生活垃圾进行及时清理，实施改水改厕工程，使群众的生产生活环境更加整洁、文明。

环境建设

2008年以来，大泗镇利用电子显示屏、横幅广告等宣传载体，全方位、多角度、立体化开展生态环保系列宣传。定期对机关、企事业单位职工及群众

霍堡村丰收景观（2022年摄）

二陈村休闲长廊（2023年摄）

开展环境法律法规培训，增强保护生态环境的责任感和使命感。抓好“6·5”环境日普法活动，引导全镇居民践行绿色发展理念，共同履行环保责任。2018年，大泗镇对固定污染源进行排污许可清理整顿，共完成66家单位的排污登记工作。在餐饮油烟专项整治中，督促17家餐饮单位安装了油烟净化设施。依法关停“散乱污”作坊2家。2021年，大泗镇投资300万元，深入进行环境整

大马村乡村大舞台及周边田园（2017年摄）

整治后的大泗镇马龙村河道（2024年摄）

治。对5个基础较好的村推进“厕所革命”和路道、河道环境整治，打造人文气息浓厚、生态环境优美的美丽乡村，并将好的做法在全镇推广。大泗镇采用“村自查、遥感巡查、人工排查”等方式，聚焦重点难点，全面排查问题。在达标村、组验收前开展自验，并借助第三方平台，采用无人机航拍，快速排查房前屋后、河道岸坡和农村道路等面上“脏乱差”问题，实现系统监测，并针对问题及时进行整治。经过深度整治，全镇农村人居环境清洁、整齐、美观。

至2022年，大泗镇环境空气质量持续向好，优良天数占比为76.24%，其中PM_{10}、$PM_{2.5}$、O_3等6项重要污染因子指标数值都达到国家环境质量二级标准。镇域内骨干河道监测断面指标均达到Ⅲ类标准。

河道整治

1960—1980年，大泗域内开展河道建设，重点开挖、清污、疏浚县乡主干河道，为经济社会发展服务。2012年，大泗镇开始对河道实行长效规范化管理，打造宜居的人居环境。集中开展水域整治，清理西干河、大寨河、杨纪

大寨河（2024年摄）

港3条主要河道，绿化河堤，实行生态驳岸。2018年，大泗镇建立河长制，明确各河道河长及河长责任。2019年，大泗镇投资1000多万元实施活水工程，疏浚河道31条，总长度为9.99千米；拆坝建桥涵15座。2020年，投资420多万元疏浚河道9条，总长度为3.1千米；拆坝建桥涵12座。投资1400多万元实施生态护岸、岸坡绿化等工程，对大寨河东段采用桩板护岸1.6千米，对杨营中沟采用桩板护岸1.2千米，对红星河采用生态树脂板护岸2.5千米。7月，投资60万元，购置一体化自动打捞船，安排专人每天在全镇河面上打捞水生植物和水面漂浮物。2021年，投资1300万元对新跃河采用桩板护岸，全长1.8千米；对双马河采用桩板护岸，全长2.5千米。

2019年9月，习近平总书记考察黄河流域治理时提出“幸福河湖”理念。2021年，江苏省将“幸福河湖建设”纳入全省高质量发展综合考核指标体系。大泗镇对照相关指标要求开展“幸福河湖”建设。至2022年，大泗镇创成“幸福河湖”8条。

垃圾处理

1970—1990年，大泗域内每户家前屋后均有私家垃圾存放处置的洼塘、土灰堆。2000年以后，大泗镇建起垃圾集中存放点。2018年，大泗镇按照“组保洁、镇运转、区处理”的垃圾清运处理模

大泗镇区河道（2024年摄）

大泗镇二陈村道路（2023年摄）

式，在全镇范围内实行生活垃圾分类处理。2020年，大泗镇新建易腐垃圾站一座，将易腐垃圾在垃圾站内进行处理，转化为有机肥料，年产能14吨。全年共收集生活垃圾4900吨，垃圾处理率达95%以上。至2022年，全镇垃圾处理达标率每年均在98%以上。

污水处理

中华人民共和国成立后，大泗集镇道路经历数次铺设，但预埋排水管道一直都是雨污同流。2012年，大泗镇投资1200万元，建造集镇主干道7.5千米污水排水管网，并在时庄村建提升泵站一座。2020年9月，大泗镇投资1260.66万元，实施污水排水管道改网建设工程，实行雨污分流，预埋污水管道总长3.7千米，设立4个污水处理设施项目。由盐城市规划设计院有限公司设计并施工，当年竣工。镇区污水排水管网实现全覆盖，雨水、污水实现分流，水污染问题得到彻底解决。

第三篇　特色产业

农业是大泗镇传统产业。中华人民共和国成立后，域内小麦、大麦、玉米、水稻、药草等的种植和鸡、鸭、猪、牛、羊、鱼等的养殖得到初步发展。改革开放后，域内种植养殖业发展速度加快，从事种植和养殖的农户、村组逐渐增多，种植养殖业规模进一步扩大，品种进一步优化。2008年大泗镇划归高港区管辖后，审时度势，因地制宜，将种植养殖业推向高潮，使种植养殖业迈向多元化、专业化、高效化的道路。至2022年，全镇有规模农场十多处，有种植大户30多户、养殖专业户70多户，形成牛羊鸡鸭鹅兔养殖、中草药种植、瓜果菜蔬种植等产业链，种植养殖业成为域内经济支柱产业，造就十多个品牌和十多家明星企业。

在大力发展农业的同时，大泗镇还紧抓工业发展。域内的江苏宇马铝业有限公司已发展成为华东地区颇具影响力的铝型材生产企业。域内医疗器械经历40年的发展，已形成规模，大泗镇因此享有“医疗器械之乡”美誉，一年一度的医疗器械高峰论坛已成为大泗镇的一张工业名片。传统产业舞台设备和机电设备依然保持良好发展态势，新兴的彩印包装和纺织制造产业也跃马奔腾，一派生机。

特色农业

种植业

种植业是域内传统产业。长期以来，域内主要种植小麦、大麦、玉米等粮食作物。20世纪70年代实行“旱改水”后，增加水稻种植。改革开放后，域内村民除了种植粮食作物外，还种植瓜果蔬菜、花卉苗木等经济作物。2008年大泗镇划归泰州市高港区后，进一步发展种植业，升级传统种植业，使之高效化、规模化，同时转型种植中草药，并逐年扩大中草药种植规模。至2020年，种植业已成为大泗镇的经济支柱产业。2021年5月，大泗镇入选全国农村综合性改革试点试验乡镇，完成马龙村中草药科技种植示范基地、“大泗乡情”智慧无人农场、“泗水年华”村企联建等19个项目。西来原生态农场入选2022年度国家级生态农场。“泗润”大米入选2022年江苏农业品牌目录。佴庄村（山羊养殖）入选

大泗镇绿色种植基地（2024年摄）

曹光普和他的泰州市高港区光普家庭农场盆栽蔬菜（2021年摄）

泰州市“一村一品”示范村。至2022年年底，大泗镇有规模农场十多处，种植专业户30多个。其中泰州市高港区光普家庭农场、佴庄村草本花卉园艺大棚项目、江苏西来原生态农业有限公司、泰州垄上行生态农业有限公司（“大泗乡情”有机农场）、马龙村中草药科技种植示范基地、康乐村标准化蔬菜大棚基地是大泗镇种植业的标杆。

泰州市高港区光普家庭农场 位于大泗镇康乐村，成立于2013年3月，占地面积18.33万平方米。主要经营花卉、苗木、果树、食用菌、园艺作物的种植与销售，水产养殖与销售，农业观光服务、垂钓服务、餐饮服务，食品销售、蔬菜零售。农场有员工40多人，其中教授级专家3人。农场实施水系喷灌，与江苏省农科院、江苏省中医院共同研发种植健康蔬菜。2021年3月，光普家庭农场被农业农村部选为第二批全国家庭农场典型案例。2022年，农场实现产值800万元。

佴庄村草本花卉园艺大棚项目 位于大泗镇佴庄村，建于2022年5月，占地面积1万平方米。该项目由原先单纯水果种植、观光采摘拓展为集水果种植、观光采摘、餐饮民宿、马术表演、体育公园等为一体的示范基地，并与邻近的白马镇陈家村海诞蔬菜园、泰州嘉信生态农业观光有限公司等企业错位发展，项目总投资500万元。

江苏西来原生态农业有限公司 参见本篇养殖业之江苏西来原生态农业有限公司。

二陈村的“大泗乡情”有机农场（2022年摄）

马龙村中草药科技种植示范基地（2022年摄）

泰州垄上行生态农业有限公司（“大泗乡情”有机农场） 位于大泗镇二陈村，成立于2015年12月，占地面积13.73万平方米，是一家集有机大米生产加工、仓储冷库、搭建销售平台为一体的有机农场，创立自主品牌“大泗乡情”。农场有机稻谷的生产采取苕、稻、鸭生态循环种养模式，通过苕、稻轮作改善土壤结构，提高土壤肥力；通过与南京农业大学教授郭坚华团队合作，引进有益微生物驱动的有机水稻全程种植体系。农场拥有烘干设备、专用加工设备、专用仓储冷库等。2020年11月，该公司正式获得南京农业大学认证的有机大米证书。2022年，实现产值110万元。

马龙村中草药科技种植示范基地 位于大泗镇马龙村。2021年11月，马龙村股份经济合作社利用该村已经形成一定规模的黄蜀葵种植业，打造中草药科技种植示范基地。项目总投资441.29万元，建有智能温室大棚1152平方米，形成集育苗、种植、收购、仓储、加工烘干、销售为一体的产业链，并与苏中药业集团股份有限公司合作，为其提供初加工后的中草药，促成利益联建以及产销联动。2022年，基地带动周边20多户农民就业，人均增收约1万元，全年基地营业收入30万元，增加村集体收入约10万元。

康乐村标准化蔬菜大棚基地 位于大泗镇康乐村。2021年年底，大泗镇康乐村股份经济合作社引进泰州汪国城农

康乐村标准化蔬菜大棚基地（2024年摄）

康乐村标准化蔬菜大棚基地（2022年摄）

产品有限公司进行村企合作，新建64个蔬菜大棚，专业种植青菜。2022年，国家有关部门向康乐村标准化蔬菜大棚基地项目投资214.67万元。该基地占地总面积约20万平方米，拥有110多个标准化蔬菜大棚，年产蔬菜4000吨，年营业收入160万元；带动周边40多名中老年人就业，村民人均年增收近2万元。

养殖业

20世纪50—60年代，域内各生产队兴办集体养猪场。1962年，保留生产队集体养猪场，恢复社员家庭生猪、家禽养殖，生猪饲养量逐年上升。1979年，全社出栏生猪3万多头。20世纪80年代后，域内农村集体养猪场解体。1990年后，养猪、养鸡等专业户出现，逐渐形成东有“前进”养鸡、西有“康乐”养兔、南有“洱庄”养羊、北有“大马”养鹅、中有“霍堡”养牛（宰牛）的生产格局。21世纪初，域内养殖业逐步发展壮大，原先的个体养殖逐步发展成为规模化养殖，全镇有20多家养殖场，遍布各个村庄。2008年，霍堡村成立养牛专业合作社，年销量1500吨以上。全镇有养猪专业户19户，年出栏5.6万头；养鸡专业户18户，年出栏7.6万羽；养鹅专业户13户，年出栏4.5万羽；养鸭专业户14户，年出栏7.3万羽。2022年，养殖业中规模较大的公司有江苏西来原生态农业有限公司、泰州市大江禽业有限公司、泰州中嘉农业开发有限公司、泰州市科牧畜禽养殖有限公司、泰州市金路禽业有限公司、泰州市荣

江苏西来原生态农业有限公司湖羊养殖场（2019年摄）

宇养殖专业合作社、江苏沃田科技有限公司、江苏百英生物科技有限公司8家。

江苏西来原生态农业有限公司 即西来原生态农场，成立于2013年，位于大泗镇农业产业园的核心区域，是一家集养殖、种植、旅游观光为一体的现代化农业企业。公司占地面积35.53万平方米，总投资3900万元，西来原生态农场已建成一园（生态种养循环园）、二区（畜牧养殖区、绿色水果种植区）、三中心（旅游接待中心、水果采摘中心、农产品仓储中心）。其中畜牧养殖区建有标准化羊舍13栋及精粗料库3栋，栏存湖羊种羊3500只，年出栏湖羊1.1万只。2022年，销售额达950多万元。

泰州市大江禽业有限公司 成立于2011年3月，位于大泗镇前进村。占地面积4万平方米，主要经营蛋鸡养殖和销售。累计投入资金1200万元，建有设计存栏20万羽标准化蛋鸡舍，引进全自动饲料搅拌传送、自动投喂、自动集蛋、自动清粪、环境控制等成套设备，配套建设饲料加工、粪污处理等附属设施设备，实现蛋鸡养殖智能管理，养殖机械化水平达95%。有员工12人、技术人员4人。公司先后被评为江苏省养殖行业十佳诚信企业、泰州市农产品质量安全诚信企业、泰州市农业产业化市级龙头企业。2021年，公司被上海市蛋品协会评为供沪蛋品优秀企业。2022年，公司有蛋鸡存栏16万羽，上市“兰王”“兰妃”生鲜鸡蛋2880吨，销售额2600多万元，利润250万元。

泰州中嘉农业开发有限公司 成立于2012年，位于大泗镇佴陈村6组。该公司从事蛋鸡养殖，年养殖规模5万羽，总投入100万元，占地面积6.67万平方米，养殖面积3.33万平方米。有员工10人。2022年，存栏蛋鸡3.3万羽，年销售额400多万元。

泰州市科牧畜禽养殖有限公司 成立于2011年6月，位于大泗镇佴陈村，公司从事生猪养殖、销售、加工。设计年生猪养殖规模8000头，占地面积4.33万平方米，总投入680万元，有母猪舍3栋、产房4栋、公猪舍1栋。共有能繁母猪476头、公猪7头。养殖面积5000余平方米。有技术人员4人、兽医师1人。2022年，出栏生猪4000余头，利润140多万元。

泰州市金路禽业有限公司 成立于2011年7月，位于大泗镇佴陈村，公司主要从事蛋鸡养殖。设计年养殖规模15万羽，总投入1500万元，占地面积11.87万平方米，养殖面积1.2万平方米。有员工10人，其中技术人员2人、助理兽医师1人。公司引进现代养鸡流水线设备（鸡场自动化清粪设备、自动检索机、自动喂料机、全自动吨袋包装机），实行养殖自动化、管理规范化，采取先进风干工艺处理粪便，解决畜禽粪污消纳问题。2022年，存栏蛋鸡9.2万羽，利润100多万元。

泰州市荣宇养殖专业合作社 成立于2012年8月，位于大泗镇前进村3组。年饲养羊2000只、鸡2000羽，总投入300万元，占地面积4.53万平方米、养殖面积2.67万平方米。2022年，存栏种母羊440只、种公羊25只，年利润近30万元。

江苏沃田科技有限公司 成立于2021年6月，位于大泗镇佴陈村。占地面积1.67万平方米、建筑面积4257平方米，建有3座牛舍、1座600平方米仓库，主要

泰州市金路禽业有限公司生物鸡舍（2023年摄）

养殖肉牛。2022年，公司存栏肉牛280多头，实现产值300多万元。

江苏百英生物科技有限公司 成立于2022年，位于大泗镇前进村，由江苏百英生物科技有限公司投资建设。占地面积4300平方米，总投资1400多万元，是江苏省首家羊驼养殖基地。2022年，公司存栏羊驼230头，产值200多万元。

江苏沃田科技有限公司养牛舍（2023年摄）

江苏百英生物科技有限公司羊驼科研基地（2023年摄）

特色工业

粮食加工业

泰州泗润米业有限公司 位于大泗镇霍堡村，占地面积1.33万平方米，成立于2006年8月，集粮食收购、烘干、加工、销售于一体。投资总额2000万元。有职工30人，公司与合作社及农户合作，实行无公害种植、标准化管理、品牌化经营。2008年，注册“泗润”牌大米商标；2012年6月，“泗润”牌大米通过无公害体系认证；2016年，获泰州市名牌农产品称号。2017年，公司被评为泰州市农业产业化龙头企业。2019年，公司通过绿色食品认证和ISO9001质量管理体系认证。2021年年底，公司在江苏股权交易中心有限责任公司农业板块上市。2022年，公司实现产值0.66亿元，开票销售0.34亿元。

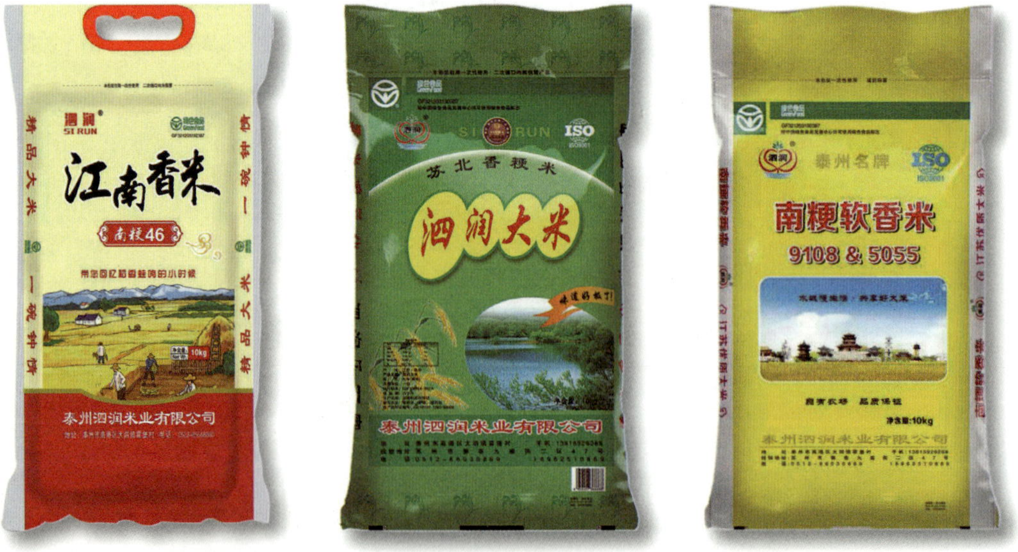

泰州泗润米业有限公司的大米产品（2022年摄）

时代米厂 创办于2022年，民营性质，位于霍堡村1组，占地面积300多平方米。主要加工水稻，并兼收购、销售水稻、麦子等粮食作物。该厂日产大米30吨，年产量约9000吨。2022年，企业营业额为200万元。

铝型材

江苏宇马铝业有限公司为大泗镇规模最大的企业，位于大泗镇宇马路1号，专业生产铝型材。公司创建于2001年，占地面积7.74万平方米、建筑面积9.8万平方米。公司产品以建筑门窗幕墙型材以及工业型材为主，经过20多年的发展，成为华东地区铝合金型材生产的综合性企业。公司先后开发60多个产品。其中节能型铝合金门窗产品被住房和城乡建设部及科技部列入既有建筑节能改造技术推广目录，低导热新型节能铝合金建材产品、温室工程专用铝型材、农业蔬菜大棚专用铝型材、农村城镇化建设用节能铝型材等产品被科技部列入国家星火计划。部分产品荣获江苏省高新技术产品认定证书。四大类节能铝合金隔热型材荣获江苏省住建厅颁发的江苏省建设科技成果推广项目认定书。先后申请并获得各类授权发明专利、实用新型专利、外观专利近100件。2022年，公司实现产值4.17亿元。

江苏宇马铝业有限公司生产车间（2023年摄）

医疗器械

大泗镇是医疗器械之乡。20世纪80年代，大泗乡的骨科医疗器械产业兴起，销售人员遍布大江南北。2006年，中国医药城在泰州市启动建设后，大泗镇医疗器械产业得到长足发展。至2022年年底，全镇有医疗器械生产企业4家，三类医疗器械注册6本，二类医疗器械注册20本。医疗器械经营公司148家，其中三类医疗器械经营公司133家。医疗器械销售额8亿元。

大泗骨科高峰论坛　2016年2月17日，首届全国性大泗骨科高峰论坛举办。来自30余个医疗器械生产企业、100余个骨科医疗器械经营公司的约260名业内人士参加论坛。论坛旨在进一步推进“项目大突破”工作，发展壮大地方医疗器械健康产业，促进优秀投资者、医疗器械生产商及销售商互动交流，实现优势互补、合作共赢。2017年2月7日，大泗医疗第二届骨科高峰论坛举办。200余名来自全国各地的专家学者和企业家参加。东南大学建筑设计院专家介绍医疗科技产业园规划设计情况，大泗镇负责人推介高港区医疗器械产业投资环境、介绍“大泗中药养生小镇”相关情况。与会专家就医疗器械第三方物流六省联盟规划与展望、医疗器械流通企业的机遇与挑战等内容进行交流。2018年3月30日，大泗医疗第三届骨科高峰论坛举办。全国医疗器械产业界、学术界有关人士500余人参加。论坛旨在壮大地方医疗器械市场，推动投资者、医疗器械生产商及销售商实现共赢。论坛上，国内最新医疗器械第三方物流信息化管理平台

大泗医疗第二届骨科高峰论坛（2017年摄）

上线发布。昆明医科大学附属延安医院骨科主任介绍骨科内固定技术创新及转化情况，与会专家交流 2017 年政策及骨科市场现状。第三届骨科高峰论坛促成经销商与大泗民营医疗器械生产厂商签订十多项协议。至2022年，大泗骨科高峰论坛共举办了3届。

泰州市美诺医疗器械有限公司 创办于2008年9月，位于大泗镇工业集中区。该公司主要从事医疗器械技术研究和生产。占地面积1.07万平方米、建筑面积1万多平方米，其中10万级净化生产区3000平方米。拥有“美诺”品牌医疗器械注册产品20多个。2022年，公司实现产值3500万元。

江苏仁福医疗器械有限公司 创办于2014年7月，位于大泗镇泗白路8-1号。占地面积200平方米、建筑面积660平方米。该公司主要从事医疗器械的研发、技术转让、技术咨询、技术服务，以及医疗器械批发、销售等。2022年，实现销售额1800万元。

江苏欣源康医疗科技有限公司 创办于2013年，位于大泗社区泗白路。从事医疗器械生产研发。注册资金1006万元，占地面积200平方米。公司专注于医疗器械的技术交流、研发创新及市场推广，尤其在骨科和心血管内科植入物领域深耕近20年，与国内多家知名医疗器械制造企业建立了长期稳定的战略合作伙伴

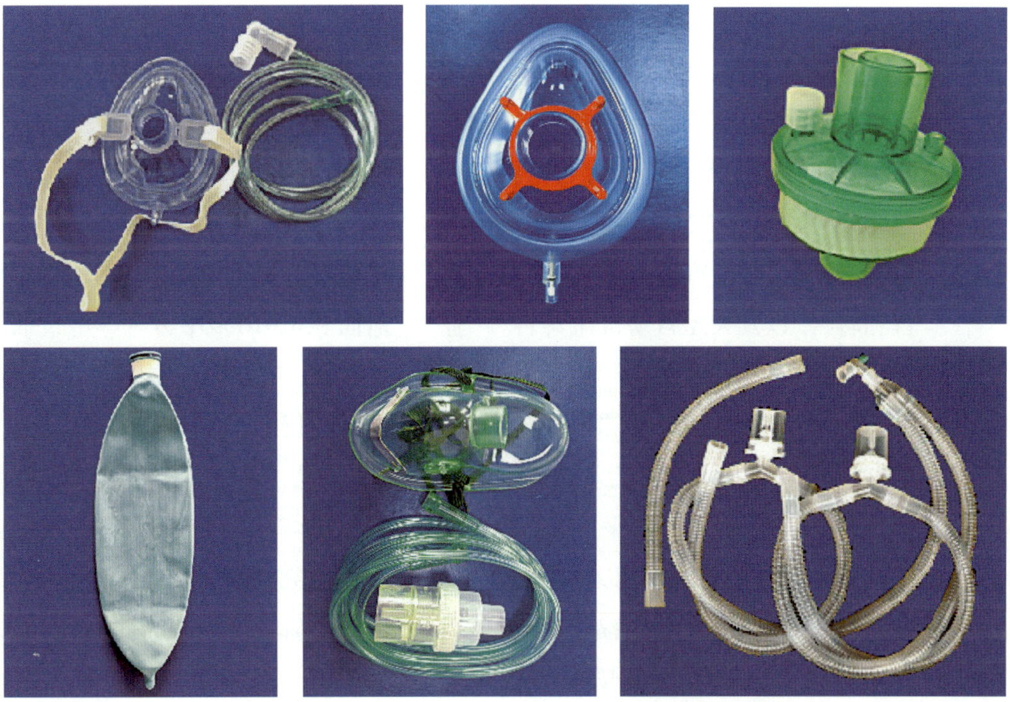

泰州市美诺医疗器械有限公司产品（2022年摄）

关系。2022年，产品销售额1700万元。

江苏国通医疗器械技术开发有限公司 创办于2017年1月，位于大泗镇创新东路8号。注册资本3000万元，建设用地2.6万平方米、规划总建筑面积2.64万平方米。建有生产车间厂房4幢和办公楼1幢。公司主要从事医疗器械研发、制造、销售。生产的椎体成形器及骨牵引针多用于骨科临床手术。拥有椎体成形器及骨牵引针的销售和售后服务团队。

舞台设备

舞台设备产业是大泗镇传统产业。20世纪70年代，域内有2家企业从事舞台设备生产和安装。1980年，大泗舞台设备用品厂成立。2018年，全镇有舞台设备企业20多家，产值1.5亿元。至2022年年底，全镇有舞台设备规模企业5家，其中国家高新技术企业3家，占全镇高新技术企业总数的三分之一。主要产品为单功能平台、手动推拉转台、简易升降平台和转台，以及大型自动机械舞台。产业年收入约2亿元。

江苏美艺舞台设备工程有限公司 创办于2016年12月，位于大泗镇工业集中区9号。占地面积8000平方米、建筑面积1.35万平方米。该公司主要从事舞台机械、幕布制造以及舞台工程设计、安装。先后获得中国演艺设备技术协会颁发的舞台机械二级、专业灯光二级、专业音响二级的行业资质，中国舞台美术学会专业舞台机械甲级、专业舞台灯光甲级、专业舞台音响甲级、专业舞台音视频甲级、专业舞台设计甲级资质。公司为江苏省民营科技企业，连续多年被评为AAA级信用单位和重合同守信用单位，通过ISO9001:2015、ISO14001:2015、OHSAS18001:2007三大管理体系认证。2022年，公司实现产值2300万元。

江苏泓博舞台设备科技有限公司 创办于2011年3月，位于大泗镇工业集中区。占地面积3000平方米、建筑面积3500平方米，有职工19人。主要从事舞台设备数字控制系统研发，舞台设备、灯光音响设备、伸缩看台制造、安装、销售，舞台幕布设计、安装，装饰装潢工程设计、施工。主要产品有升降台、旋转台、伸缩台、升降吊杆等。2020年12月，公司被评为江苏省高新技术企业。2022年，公司实现产值近1000万元。

江苏南洋舞台设备有限公司 2010年4月创办，位于大泗镇工业集中区。占地面积5000多平方米、建筑面积8000平方米。职工68人，其中专业人才15人、专家教授3人、高级工程师2人、建造师3人。该公司主要从事会堂、影剧院、会议中心、体育馆、演播厅及院校礼堂的工程设计研究和舞美应用，精品化舞台机械设备的研发、生产、销售和技术服务，并承担舞台系统工程的设计、安装、调试为一体的总承包服务等。主要产品有舞台吊杆设备、幕布设备、威亚设备、升降旋转舞台设备、伸缩移动舞台设备、对开显示屏移动设备、PLC控制设备等。2010年，通过ISO9001国际质量体系认证。2012年，被评为中国著名品牌。2015年，被评为中国质量诚信AAA级品牌企业。2017年，被评为江苏省民营科技企业。2018年5月，荣登2017年度中国舞台设备十大品牌榜优秀企业和品牌。2022年，公司实现产值1000余万元，并获省级高新技术企业称号。

江苏光耀演艺装饰工程有限公司 创办于2003年10月，位于大泗镇老工业区，是大泗镇传统舞台设备行业生产企业，公司注册资本500万元，占地面积7600多平方米，主要从事灯光、音响、机械等舞台设备的研发及生产。2020年，该公司对原厂区重新规划建设，建设办公楼1栋、厂房2栋，建筑面积1.74万平方米，用于舞台设备研发、生产、展示。2022年，实现销售额4000万元。

江苏建声影视设备研制有限公司 创办于1972年，位于大泗镇工业集中区，主要从事视听工程设计，累计完成国内外2000余项视听工程。公司是国内规模较大的舞台机械生产基地，使用机械加工中心和机器人焊机生产舞台机械。公司下属的舞台机械工厂占地面积24亩、建筑面积1.55万平方米。2022年，公司舞台机械控制系统通过莱茵认证，同时获省级高新技术企业称号，当年销售额1000万元。

江苏南洋舞台设备有限公司生产车间（2023年摄）

机电设备

机电产业是大泗镇传统产业。20世纪70年代，域内有3家公司生产机电设备。至2022年，发展至8家，产值达2亿元。主要生产机械设备、机电设备、机电材料、机电零部件、电气仪表仪器、电子设备等。其中江苏三木页岩气高压软管有限公司、泰州威迈机电科技有限公司和中纯氢能源科技（泰州）有限公司较有名气。

泰州威迈机电科技有限公司 创办于2014年1月，位于大泗镇工业集中区。占地面积2万平方米、厂房建筑面积2.2万平方米，有员工85人。该公司专业从事客货电梯配套电梯锁、电梯按钮、门机、厅门、塑料件等系列产品生产、销售及节能服务。公司是“三菱”“迅达”“通力”“嘉捷”等知名电梯产品零部件的指定生产厂家。公司先后获得专利6项，其中发明专利3项。2022年，实现产值3700万元。

江苏三木页岩气高压软管有限公司 创办于2011年9月，位于大泗镇姜泗路北侧。占地面积1.36万平方米、建筑面积1.2万平方米。该公司主要从事柔性扁平复合软管的研发、生产、销售，主要产品为聚氨酯、橡胶、PVC等一次成型共挤软管和消防带及配套接头，产品广泛应用于页岩气压裂远程供水、煤矿救援应急排水、消防远程供水、工业工程排水。公司还配套生产各种快速插转式接口、超高压特种专用接口、法兰转换接口、快速连接接口、各类变径接口、三通等。2022年，实现产值3500万元。

江苏三木页岩气高压软管有限公司产品（2023年摄）

中纯氢能源科技（泰州）有限公司 创办于2021年12月，位于大泗镇大泗社区，是江苏中纯氢能科技有限公司全资子公司。公司为氢能、半导体、光伏、PCB等行业的辅助设备集成供应商。产品主要有水处理设备、废气处理设备、中水回用设备等。2022年，实现产值3400万元。

彩印包装

2010年以来，彩印包装成为大泗镇崛起的新兴产业。通过引进外资和技术，彩印包装产业不断做大做强。其中，江苏兄弟彩印包装有限公司和泰州市双星包装制品有限公司较有名气。

江苏兄弟彩印包装有限公司 创办于2013年12月，位于大泗镇工业集中区8号。该公司拥有德国海德堡印刷生产线、日本柯达出片机以及国产朱氏全自动覆膜机、全自动裱纸机、全自动压痕机、打钉机等十多台（套）专业设备。该公司主要经营包装箱制造及销售、纸张销售、印刷服务。2022年，实现产值2200万元。

泰州市双星包装制品有限公司 创办于2010年7月，位于大泗镇泗野路18号。公司为中外合资企业，占地面积9000平方米、建筑面积8500平方米。主要从事包装袋与吨袋的生产与销售，有员工42人。公司产品广泛应用于水泥、粮食、化工、饲料、淀粉、矿物等粉状、粒状物体，以及电石之类危险品的包装，年产各种集装袋100万条。产品远销美国、德国、日本、荷兰等国家。2022年，实现产值2300万元。

江苏兄弟彩印包装有限公司（2024年摄）

泰州市双星包装制品有限公司产品（2022年摄）

纺织制造

20世纪80年代，域内乡镇工业兴起时，办有2家纺织厂。至2022年，发展至5家，年销售额8000万元。泰州市蓝天布业有限公司和泰州布艺佳纺织有限公司成为其中的龙头企业。

泰州市蓝天布业有限公司　创办于1998年，位于大泗工业园区，占地面积6580平方米、建筑面积3680平方米。该公司主要从事过滤布、除尘套及配件、工业用布、缝包线、篷布、服装、绳、网、带、吊具、纺织品的加工、制造、销售，特氟龙高温布销售。有员工15人，年产过滤布300万米，除尘布袋600万米，缝包线、长丝线450吨，各种生活面料布300万米。2022年，实现产值2000万元，开票销售1800万元。

泰州布艺佳纺织有限公司　创办于2002年，位于大泗工业园区。该公司主要从事梭织面料的研发、生产、销售和服务。主要生产超细纤维华夫格、菠萝格、鱼鳞布、蚂蚁布、亮丝布、T/T格等超细纤维布料等。2022年，实现产值1900万元，开票销售1600万元。

第四篇　旅游开发

2008年大泗镇划归泰州市高港区管辖后，利用田园美丽、水草丰美、河流众多等资源优势，大力开发旅游业。至2022年，大泗镇已开发形成江苏中药科技园、 泗水年华科普研学基地、大泗镇生态公园、大马水生植物园、霍堡村西来原生态农场和江苏中药科技园、前进村国家森林乡村等旅游景点，并配套建设有“大泗良食”游客接待中心、公交停车场以及兴隆泰大酒店、御福园宾馆、汉庭酒店（泰州泗水商业中心店）等60多家餐饮住宿单位。旅游业已成为大泗镇的经济支柱产业之一。

旅游景点

2009年以来，大泗镇启动旅游景区建设工程。至2022年，大泗镇政府和民间先后投资1000多万元，共建起20多个旅游景点，形成五大旅游景区：江苏中药科技园景区、大马水生植物园景区、霍堡村西来原生态农场景区、大泗镇生态公园景区、泗水年华科普研学基地景区。其中江苏中药科技园景区、大泗镇生态公园景区、泗水年华科普研学基地景区、霍堡村西来原生态农场景区四个景区坐落于域内大寨河两岸，使大寨河沿岸成为迷人的观光带。

江苏中药科技园

由江苏农牧科技职业学院投资兴

江苏中药科技园南入口处（2022年摄）

江苏中药科技园中草药种植示范区（2022年摄）

建，2012年建成国家AAA级景区，位于大泗镇大泗社区内。占地面积1300亩、建筑面积4.8万平方米，总投资4亿元。园区建筑区墙体主要采用明代建筑风格，青砖、黛瓦、红柱、红檩，展现出“明风黛韵、神水红檩”景象。园区规划建设中草药种植示范区、中药材科普科教区（中药材主题公园）、农业科技培训及办公生活区3个功能区。

中草药种植示范区 占地面积约650亩，主要从事中草药的示范种植。2022年，区域种植泰半夏、杜仲、女贞、牡丹、香橼、决明子、板蓝根、元胡等十多种中药材。种植示范区内建有5000平方米的智能温室一座，主要为中草药种植培育种苗，培植稀有珍贵的中药材品种，为周边农民提供中草药种植示范和种苗。中草药长成后，园区收购加工，促进农民增收。园区建有中药材加工厂，生产中药饮片以及药茶、药酒、药枕、中药香囊等产品。同时，种植示范区还为学院内外中药栽培与加工专业、园林园艺专业、休闲与设施农业专业学生提供生产性实训，提高学生的生产、加工技术技能。

中药材科普科教区（中药材主题公园） 该区域占地面积约500亩，通过园内一条主环路串联起来，形成既相对独立，又与中草药种植示范区融通的科普科教与休闲观光体系。该区域以神农湖为中心，南侧挖湖，北侧堆山，建设一轴、一山、三湖、六园、八个景观节点的主题公园。一轴是以中药始祖神农氏为主题的入园主轴神农大道，神农广场在

江苏中药科技园神农湖畔景观（2022年摄）

园区主轴线上，其他景观节点以此为中心，按阴阳太极图走向往两边发散，交替布置。一山即以药圣李时珍为主题的药圣山，种植适合在山坡上生长的中药材。在全园的制高点观景平台处，设置李时珍采药的情景雕塑。在视野开阔处设置中药材博览亭，可供人们登高远眺。三湖即神农湖、长寿湖和福禄湖。神农湖为整个园区的景观中心，通过长生河与长寿湖和福禄湖相连，使整个园区水系形成有机结合。六园是指中药材五行种植园、中药材八卦种植园、中药材迷宫、水生药用植物园、中药材果园和百草园（中药材种质资源库）。药材五行种植园设计理念来源于中国传统文化里的五行八卦，占地20亩，位于园区西侧，用“金、木、水、火、土”来寓意规划景区的药材种植，种植杜仲、黄芩、白芷、豆梨等中药材。中药材八卦种植园设计理念来源于中国传统文化里的五行八卦，占地18亩，位于园区东侧，造型是八卦图，通过种植不同颜色的中药材植被来营造百草园的“八卦”图，种植麦冬、黄芩、白芷、板蓝根、泰半夏等中药材。中药材迷宫占地8亩，位于园区西侧，造型是迷宫，充分体现寓教于乐，是中医药文化教育的特殊课堂，在中医药文化交流、教学、科研等方面发挥了积极作用。主要种植牡丹、麦冬、泰半夏等中药材。水生药用植物园设立于神龙湖之上，主要种植一些水生药用植物；中药材果园是在药圣山缓坡处，种植枇杷、柑橘、山楂等具有观赏性和药用价值

江苏中药科技园中草药种植示范区中草药采摘(2022年摄)

的果树;百草园种植全国各地中草药品种,形成种质资源库。八个景观节点包括二十四节气养生长廊、神农广场、神农养生茶社、神农亭、药王庙、药石圣水、中药材博览亭和采药人家,主要展示中药材的起源和发展,游客可以在游览美景时领略、体验中医药文化。

农业科技培训及办公生活区　该区域的核心区占地面积约130亩,主要建设中药文化馆、中药养生馆、中药研究所、教学综合楼、学生生活区等。其中中药文化馆展示中药发展历史、养生方法、中药材标本,中药养生馆为游客提供中医特色门诊、理疗、药膳、药浴、针灸推拿,中药研究所为中药材种植、加工提供科技服务。

大泗镇生态公园

大泗镇生态公园地处大泗社区、杨营村、霍堡村交界处,位于霍堡村地界,西与文昌花苑生活小区相依,北与泗水年华科普研学基地相伴,东与双马路相连,南与人工景观河接壤,是大泗镇的一座大型综合性公园。占地总面积190亩,总投资2000万元。2015年11月启动建设,2016年公园基本建成。2018年,在公园北侧建成公交停车场、游客接待中心。公园与泗水年华科普研学基地以一条东西向主干道路文苑路隔开。

大泗镇生态公园的景点多具生态特点。公园南部边缘建有一片竹林,西部沿文昌河河岸而建。文昌河西岸为文昌花苑生活小区。小区居民通过文昌河上的

大泗镇生态公园里的牛形雕塑(2023年摄)

文昌桥可进入公园。文昌河长800米，被打造成为一条人工景观河。河岸边绿树成荫，鲜花遍布河沿。河坡上建有凉亭，河岸边建有景观步道，可垂钓，可小憩，可漫步。

公园的东南角设有春、夏、秋、冬四季花园。4个花园既注重整体设计，又各有特色，自成一体。春园内种植的花卉以桃花、春梅、白玉兰、郁金香、樱花等为主。夏园种有玫瑰花、梅花、月季、荷花玉兰、香樟等。秋园种有菊花、君子兰、海棠、秋水仙、香葱花、扶桑花等。冬园植有蜡梅、冬青、紫罗兰、蔷薇、茶花、银莲花、银柳、青松等花草名木。四季花园中步道处处，曲径通幽，营造出不同的空间效果。

公园中心位置建有廉政文化广场、法治文化广场、红色文化广场、教育文化广场等。广场上有江苏境内民主革命时期、中华人民共和国成立后的英雄人物生平事迹介绍；有党和国家领导人在不同历史时期发布的法治建设纲领和指示精神介绍；有社会主义核心价值观和法规法纪精神介绍。广场上还陈列有大泗籍名人的文艺作品展板、墙群，有书法名家朱新忠的“清风扬帆泗水追梦”石刻，有“两袖清风清似水，一身正气正如牛”的木刻楹联。南园北部广场中心处建有一座3米高的气势冲天的奔牛石雕。

公园西侧南部建有儿童游乐场，北侧建有老年健身活动区。公园西北部建有篮球、足球等球类运动场所。此外，公园在不同的区域还建有氧吧、竹林、紫藤花架、小桥、池塘、雕塑、鹅卵石径道、文化长廊和凉亭等。公园北部中心入口处建有公园景区介绍栏和公共服务中心室。

在公园的西入口处、泗水年华科普研学基地的西南角建有公交停车场、游客停车场，可停放十多辆公交大巴和20多辆小轿车。公园的东侧与“大泗良食”展览馆隔路相望。公园的北部与泗水年华科普研学基地接壤。在泗水年华科普研学基地北部边缘的大寨河畔，建有供景区游客餐饮、食宿、休闲、娱乐等店铺多家。

大泗镇生态公园树木众多、草坪处处，每当春夏之际，园内鲜花盛开，绿树成荫，是市民和游客休闲的好去处。因为大泗镇13个村（社区）均建有各自的小型公园，所以大泗镇生态公园被大泗镇人戏称为“大泗镇的万园之园”。2019年9月，大泗镇生态公园被江苏省体育总会、江苏省广播电视总台授予全省最美乡村健身公园称号。

泗水年华科普研学基地

泗水年华科普研学基地地处大泗社区、杨营村、霍堡村交界处，位于霍堡村地界，在大寨河南岸文苑路之北、双马路西侧，其南侧与大泗镇生态公园仅一路（文苑路）之隔，与大泗镇生态公园形成姊妹园。泗水年华科普研学基地占地面积约11万平方米，2011年开建。

该基地建有南门和北门两处进出口。南门入口处建有园区管理办公室、旅游接待室、问讯售票处、停车场。基地南部建有坦克、飞机、大炮模型和供军民训练的体育器材设施。基地东部大寨河畔建有仿游船画舫形状的水上餐厅，还建有人工湖、水上乐园。基地西部建有丛林乐园、人工湖、野炊露营场、沙滩、儿童游乐场，还建有仿古水

泗水年华科普研学基地入口（2024年摄）

车、石磨等农耕工具，以及人物雕塑。基地北部建有泗水年华乐动田园、泗水年华音乐节乐园、农耕文化馆、花卉苗木种植田园等。

泗水年华科普研学基地和大泗镇生态公园已成为大泗镇域内旅游的主要景点，深受居民和游客喜爱。

“大泗良食”展览馆

“大泗良食”展览馆，即大泗牛文化展览馆，位于大泗镇霍堡村双马路东侧、霍达路南侧、霍兴路北侧，与双马路西侧的大泗镇生态公园隔路相望。2021年，由霍堡村投资200万元建成，展览馆产权属霍堡村集体。馆名中的“良”字取“优秀”之意。

“大泗良食”展览馆场地占地面积十多亩。该馆坐北朝南，主体建筑为三大间木质结构房屋，其中南墙处开设入口。展览馆内分为三室，其中一室为接待室，室内有大泗镇地方土特产文化宣传栏，重点介绍大泗镇的农副特产、悠久的养牛宰牛历史，以及牛肉产品的制作、大泗全牛席、牛肉菜肴的制作等文化。该室主要用于客商到大泗采购农副特产和牛肉产品时洽谈业务、安置游客休息、安放游客行李、提供小吃零食等。二室为大泗镇农副产品展览室，主要展示大泗镇的牛肉、羊肉、家禽肉、鲜蛋、有机无公害大米、食用油、新鲜蔬菜水果等产品，游客可以现场购买相关产品。三室为名

“大泗良食”展览馆（2023年摄）

霍堡牛肉（2019年摄）

特产品贮藏包装室，主要储备包装待售的大泗镇名特产品。

“大泗良食”展览馆东侧是霍堡村集体的成品牛栖息栅栏场，场地占地面积约10亩，可以一次性圈养成品牛300头。

特色乡村

牛羊栖息霍堡村 2019年起，霍堡村瞄准“食药养游”融合发展目标，构建3个“一”特色产业集群。擦亮一个特色品牌——霍堡牛肉，霍堡牛肉传承已久、美名远扬。厚植一个特色产业——西来原生态农场，先后投资3900万元，占地面积533亩。该项目先后获农业农村部肉羊标准化示范场、国家公益性行业（农业）科研专项示范基地等荣誉称号。创建一座特色乡土文化馆——霍堡乡愁馆。

为打造特色乡村，霍堡村还修建了户外健身广场、儿童游乐场。打造霍达路、霍兴路、祈愿路3条村路，由“乡村小品”

大泗镇霍堡村地标（2022年摄）

江苏西来原生态农业有限公司入口处（2024年摄）

江苏西来原生态农业有限公司游客购物（2019年摄）

霍堡乡愁馆（2024年摄）

霍堡村田头休闲长廊（2022年摄）

霍堡村牛文化景观小品（2022年摄）

“菜园小景”点缀，纵横成列，段段换景。

2020年12月，霍堡村被评为第五批江苏省特色田园乡村。项目单位：“江苏西来原生态农业有限公司”已成为一家集养殖、种植、旅游观光为一体的现代化农业企业（参见第三篇特色产业之江苏西来原生态农业有限公司）。

花卉遍地前进村　2018年9月，中共中央、国务院印发《乡村振兴战略规划（2018—2022年）》，国家林业和草原局由此组织开展国家森林乡村创建工作。当年，江苏省农业农村厅在全省组织实施森林乡村建设工程，对于入选的森林乡村，省政府拨付帮扶资金100万元，主

前进村景观（2024年摄）

前进村景观（2024年摄）

前进村景观（2020年摄）

前进村为农服务综合体（2022年摄）

要用于森林乡村绿化建设，实行植树造林。2019年，大泗镇前进村基于良好的自然环境和绿化条件，申报并成功入选江苏省森林乡村建设单位，获省政府帮扶资金100万元。当年投入80万元用于绿化建设，全年新增绿化面积320亩，共植树15000株，绿化河道12条，绿化交通主干道3条，全村绿化率达90%。同年12月31日，前进村入选第二批国家森林乡村名单，被国家林业和草原局授予国家森林乡村称号。

荷花灿烂大马村 2017年以来，大马村坚持“农文旅养”融合发展，村“两委”决定在9组先行试种17亩睡莲、荷花等水生植物，向市场供应种苗，当年为村集体增收5万元。此后，继续引进新品种，不断扩大种植规模，逐步打造形成颇具规模的大马水生植物园。

该园位于大马村8组、9组，占地面积204亩，由大马村村民以个人承包土地折股入资、大泗镇政府出资100万元兴建而成，由大马村集体经营。园区以种植睡莲、荷花、美人蕉、鸢尾、碧根果等水生植物为主，水生植物多为药材类观赏花草。园区内建有十多个花池、水产品池塘，在各水生植物园相交处建有亭阁、长廊、木寨栈道。园区内还建有莲廉文化园和游客接待室等。中央电视台、东方卫视、《新华日报》、《泰州日报》等多家新闻媒体对该园作过报道。至2022年，大

大马水生植物园（2019年摄）

大马水生植物园内健美操表演（2021年摄）

大马水生植物园内“浑水摸鱼”项目（2021年摄）

大马村廉莲文化园（2023年摄）

大马水生植物园内儿童游乐项目（2021年摄）

马水生植物园占地面积增加到204亩。大马村以“莲”寓“廉”、以“莲”倡“廉”，在水生植物园内建立“莲廉文化园”，把廉政小故事、廉政名言警句及传统古诗词有机植入其中，引导大家赏莲明廉、爱莲守廉。主通道月季长廊两边，每隔几步，就有关于名贵荷花的品种介绍。还在水生植物园设立田间课堂，参加研学活动的孩子们，可以在此了解农耕文化，感受传统文化的魅力。

2017年起，大马村先后获得江苏省卫生镇（村）、江苏省最美乡村、泰州市特色田园乡村等十多项荣誉。

高港区2019年乡村旅游节

2019年4月10日上午，高港区2019年乡村旅游节在大泗镇江苏中药科技园盛大开幕。泰州市文化广电和旅游局调研员季彬、高港区领导张汉刚等出席开幕式。

高港区2019年乡村旅游节以“乡约高港 共享健康”为主题，围绕“乡村观光休闲”策划有乡村旅游展、乡村集市、逸夏果园首届春季赏花节、蔡庄村梨花节、口岸街道凤栖湖西瓜节、高港乡村旅游区水果采摘、植物观赏节等一系列特色活动，充分展示高港区丰富的旅游资源和独特的旅游产品。

乡村旅游节开幕（2019年摄）

乡村旅游节现场大鼓表演（2019年摄）

乡村旅游节现场节目表演（2019年摄）

乡村旅游节现场舞龙表演（2019年摄）

乡村旅游节现场展示特色农产品（2019年摄）

乡村旅游节现场展示非遗项目（2019年摄）

活动现场设置产品展示区，展出具有高港区地方特色的农副产品和非遗项目，吸引众多市民和游客关注。其中有江苏省三星级乡村旅游区西来原生态农场的绿色食品草莓、自酿葡萄酒、羊肉等近10种产品，有霍堡村霍堡牛肉、泰州市高港区光普家庭农场的盆栽蔬菜、泰州垄上行生态农业有限公司的生态大米等特色农产品。非遗传承人在现场展示根雕、虎头鞋、风筝等民俗文化产品。

活动期间，游客参观胡庄镇上膳源泰州农场、大泗镇西来原生态农场，了解农事耕作，体验乡村生活；到白马镇鑫马生态园、白马庙森林公园游玩，感受乡野风情；到永安洲镇天德园生态农庄、御庐园生态果园，胡庄镇御膳源生态农业休闲观光园、杏都葡萄园进行趣味采摘，亲近大自然。

2021年泰州·医药高新区（高港区）农民丰收旅游节

2021年9月22日，泰州·医药高新区（高港区）农民丰收旅游节在大泗镇开幕。泰州医药高新区党工委副书记、高港区委副书记陶旭，泰州医药高新区党工委委员、高港区委常委、高新区党工委（高港区委）宣传和统战部部长卢洁出席开幕式。

本次农民丰收旅游节以“泗水年华·晒丰收”为主题，通过“线上直播+线下互动”的形式，展现泰州医药高新区（高港区）在推进乡村振兴建设进程中农村的新风貌、农业的新丰景、农民的新形象，让广大群众亲身体验独具地方特色的农耕旅游文化和丰硕的农业发展成果，共同感受丰收的喜庆氛围。

农民丰收旅游节开幕式（2021年摄）

活动主舞台设在大泗镇大马水生植物园，副舞台设在江苏中药科技园、二陈村农村综合体、霍堡特色田园乡村。活动多角度、立体化展示泰州医药高新区（高港区）在中药种植新科技、党建引领红色文化、乡村振兴展新颜等方面的风景风情。通过组织农特产品展示品鉴、直播带货、园区观摩、特色表演等一系列精彩活动，进一步提高广大农民农业生产的积极性、主动性、创造性，加快推进农业农村现代化。

活动现场，舞龙表演、大鼓表演等精彩的文娱演出让观众大饱眼福，地方名中医于淦林向现场观众介绍大泗传统中药养生的特点，邀请观众一起参与中药香包制作。大泗镇种植、养殖代表登台介绍大泗镇农业养殖项目特点。直播带货活动现场展示并销售当地20家农业龙头企业、农民专业合作社、家庭农场生产的有机大米、螃蟹、牛肉、芋头、葡萄等30种特色农产品。

农民丰收旅游节现场展示大泗传统中药养生特点（2021年摄）

农民丰收旅游节直播带货活动现场展示农特产品（2021年摄）

旅游服务

2009年以来，随着旅游业的发展和人民生活水平的提高，大泗镇的餐饮店和宾馆逐渐增多。至2022年，大泗镇有以兴隆泰大酒店、御福园宾馆、汉庭酒店（泰州泗水商业中心店）等为代表的餐饮单位60多家。为旅游业配套，大泗镇人民政府在大泗镇生态公园区域投资兴建游客接待中心。

游客接待中心

大泗游客接待中心位于大泗镇生态公园内文苑路之北，占地面积约6000平方米，2016年始建，2022年建成并投入使用。游客接待中心内有一座办公楼和一处大型停车场。游客接待中心办公楼分为两层，其中一层为接待办公用房，可

游客接待中心（2024年摄）

安置游客休息、安放游客行李、提供小吃零食等，二层为木棚凉亭建筑，主要供游客喝茶、休息、娱乐。游客接待中心西南为大型停车场。场内有20多个小轿车停车位和十多个大巴停车位。场地南端还设有公交车停车站，姜堰区至大泗镇公交839路、泰州市区至大泗镇公交128路等均在此停靠。至2022年，在泗水年华科普研学基地训练场北大寨河畔还建有农家土菜馆、小酒店、小旅馆、小卖部，以及供游客休闲的游客之家等旅游配套设施。

住宿餐饮

兴隆泰大酒店　创办于2015年6月，位于大泗加油站南侧，营业面积4500平方米，是大泗镇规模较大的餐饮企业。兴隆泰大酒店分上下两层，一楼可承办大型宴会，大厅内可同时容纳近30桌宾客；二楼有餐饮包间8个，可同时接待300多人。2022年，盈利30余万元。

御福园宾馆　创办于2014年5月，位于大泗镇府前路1号，营业面积7000平方米。宾馆共四层，一层为接待服务厅，二到四层提供住宿和餐饮服务，有住宿标准间30多套，盈利几十万元。有餐饮包间78个，可容纳50桌宾客。特色菜有各色风干肉、甲鱼饭等。

汉庭酒店（泰州泗水商业中心店）　创办于2021年2月，位于大泗镇泗白路1号，占地面积3380平方米、建筑面积1640平方米。酒店拥有高级大床房、双床房、豪华套房等多种房型，共有69套房间。有免费停车场。2022年，实现营业额300万元。

汉庭酒店(泰州泗水商业中心店)（2023年摄）

第五篇　物产美食

域内历来以农业为主，物产丰富，除了小麦、大麦、水稻、玉米，瓜果蔬菜，花卉苗木，中草药材，鸡、鸭、鹅、牛、羊、猪、兔、鱼外（参见第三篇特色产业），还盛产芋头、花生、山芋、白果，生产绿色无公害的有机大米，同时大力生产肉类产品，制作风干肉。大泗镇生产的有机大米、风干肉销往大江南北，供不应求。

大泗镇的美食众多。20世纪90年代，大泗咸肉、蒸卜页曾获姜堰市第二批乡土特色菜肴大赛一等奖。其上百年的养牛、宰牛历史孕育出以牛肉为原料的系列佳肴，汇聚成享誉四方的大泗全牛席。大泗镇大马村借助其水生植物园内茂密的荷花开发出的全荷宴也颇具特色，声名渐播。大泗镇的土菜小吃以风干肉、老卜页著称。

物产

芋头

大泗人栽培芋头历史悠久，据传，明朝初年大泗已种植芋头。中华人民共和国成立后，人民公社化时期，大泗各集体生产队均栽培芋头。那时，芋头属粗粮，不用作交公粮，曾经是大泗人的主要粗粮。

马龙村田野芋头（2024年摄）

芋头是多年生块茎植物，常作一年生作物栽培，性喜高湿，生长期间要求温度在20℃以上。芋头对土壤的适应性较强，以肥沃深厚、保水性强、有机质丰富的壤土或砂壤土最为适宜。从气候条件和土壤来看，大泗镇是适合芋头生长的区域。

大泗域内种植的芋头品种主要有香荷芋、白荷芋、紫荷芋、龙香芋等。芋头一般在清明节前后下种，历经春季、夏季、秋季，生长期达200多天。芋头生长主要取决于适当的施肥、灌水、培土、捂叶等举措，生长好的芋叶茎秆有1米多高。大泗籍的晚清举人陈玉章曾吟诗云：“芋荷大叶接豪光，玉理瑶茎一碧长。”芋头生长成熟于中秋，收获于晚秋。芋头产量较高，每株芋头可产茎果1斤多，每亩可收获600多斤。芋头便于贮存，芋叶可充当饲养家畜牲口的粗饲料。芋头的营养价值很高，其中含淀粉70%，既可以当粮食，又可当蔬菜，是老幼皆宜的滋补品，为秋补素食一宝。医学界认为，芋头性甘、辛、平，能协调肠、胃，具有益胃、宽便、散结等功效。

芋头既是大泗人的粗粮，又是大泗域内的经济作物。改革开放后，大泗人大力种植芋头，使得昔日粗粮成为大泗的农特产。每年中秋节过后，大泗人用精美的竹篮盛装刚刨出土的芋头，销往周边城镇，或者当土特产送给亲朋好友。芋头的价格也不便宜，1斤毛皮芋头的价格等同于1斤大米的价格，或3斤山芋的价格。现在，有不少商贩专门到大泗镇田头收购芋头，有时不提前付定金还收购不到。

北港村收获山芋（2023年摄）

芋头在大泗民间被赋予了一种文化含义。每到寒冬腊月，大泗人必定要吃芋头菜粥，说年前吃了芋头来年会“遇好人”，“啃大芋头，发大财”。在大泗域内，芋头也有“出人头地”的含义，到了中秋节，有的村民拿芋头、水果和月饼一起用来祭祀月神，中秋节的餐桌上也少不了芋头这道菜。

山芋

山芋，又名红薯、甘薯、地瓜等，是一种适应性广、繁殖力强、栽培简便、高产、稳产、营养丰富的农作物。域内栽种山芋历史悠久，据传，明朝时期，山芋传入大泗。大泗属沙土地带，旱田较多，土质松软，透气性好，适合山芋生长。山芋一度是域内主要农产品，是大泗人秋冬时节的主要食粮。

域内一般在清明节后下山芋种，长出的苗可在5月麦子收割后栽插到制好的田垄上。山芋生长在阳光充足、透气透风、雨水多的旱田中。秋冬时节，可收获山芋。山芋的产量很高，亩产可达3吨。大泗生长的山芋都是本地山芋，外皮红，里黄瓤，皮薄肉多，以甜为主。生吃赛水果，熟吃甜润爽口。有一段时期，大泗人引进栽种山东的“胜利百号”山芋，其山芋外皮红，里白瓤，煮熟了有点坚硬，一咬会掉下淀粉来，吃起来还有点呛口。

山芋有多种吃法。大泗人将山芋洗净，切成条块，到阳光下晒七八天，晒成山芋干。一到冬天，可抓几把山芋干用水一泡，然后放水煮一煮，最后再加入玉米糁，做成稀饭吃。山芋也可以加工制作成粉条、粉丝。冬至以后，气温降到零度以下时，正是加工粉条的大好时机。农户把收获的山芋洗干净磨成粉。大泗人制作的山芋粉丝，不添加任何辅料，长时间存放无霉变、无异味。山芋也可烤着吃，口感香甜。山芋藤也可作猪饲料。

改革开放后，大泗的农田建设步伐加快，旱田几乎没有了，秋季农作物主要是水稻，人们以米、面粉为主要食粮。现在，大泗只有少数人家在家前屋后的小块旱地上栽种山芋。人们间或在酒足饭饱之后用山芋土产换换口味。

花生

域内的农耕田属沙土田，适宜种植花生，种植历史悠久，是泰州医药高新区（高港区）花生的主产区之一。花生是重要的油料作物，蛋白质含量很高。

曹于村收获花生（2022年摄）

种植花生要做好选种、播种、施肥、管水和防治病虫害几个环节。历史上，域内种植花生以本地小花生为主。20世纪60年代，引进出油率高、产量高、油渍香的优良品种——山东小油果花生、大油果花生，实施大面积种植。花生播种一般在4月中旬，气温以15℃为宜。种植花生尽量不要重茬，可考虑与蔬菜、秋芝麻、玉米轮作。合理施肥很重要，播种前要施足基肥，出苗后至开花前要追肥。种植花生管水规律是“两头少，中间多”。出苗开花前少，开花下针多，果成收获时少。在开花下针时，降雨量大了要清沟排积水，防止果荚烂果。花生种植要防治地下害虫地老虎（土地狗）、金针虫，可以喷农药消灭。另外，还要防止鼠害。当花生结果荚后，茎叶呈黄色时，大多数果荚果壳饱满坚硬，网络清晰，就可以收获了。

20世纪80年代，大泗的农田基本实现旱改水（旱田改水田），水稻、油菜种植面积扩大，花生不再大面积种植。农民只在承包地上小面积种植。收获的花生不再以制作花生油为主，而是供人们水煮或炒制。

白果

银杏树的果实俗称白果，因此银杏树又称白果树。银杏树生长较慢，寿命极长，可达千年以上。自然条件下，从栽种到结银杏果要20多年，40年后才能大量结果，因此人们又把它称作“公孙树”，有“公种而孙得食”的含义，是树中的老寿星，具有观赏、经济、食用、药用价值。

域内多旱地，多数农家栽培银杏树。银杏树喜光，耐寒，耐干旱，不耐水涝，对大气污染也有一定的抗性，适应性颇强。树干端直，树冠雄伟壮丽，秋叶鲜黄，颇为美观，宜作夜荫树、行道树、风景树。种子供食用和药用。银杏树材质优良，为珍贵用材种树。大泗人常用其木材加工制作砧板或风箱。

据传，大泗从元末明初就开始栽培银杏树。20世纪70年代，不少人家在家前屋后栽培银杏树，白果销往国内外，曾为农户人家经济收入的重要来源。20世纪80—90年代，白果价格一度走高，1千克白果可卖80多元，1棵树能结数十斤白果，有的高达一二百斤。如果家中拥有几棵银杏树，白果年收入可达四五万元，相当于当地一名工人全年的收入。域内盛产名为“龙眼”的白果，其果既大又饱满，很受青睐。

进入21世纪，白果价格一路走低，

马龙村银杏树（2023年摄）

大泗人不再过多栽培银杏。至2022年，大泗镇银杏树已不到4万棵。树龄100年以上的不到30棵。其中，大泗社区2组居民戴德本的祖父戴广逵在清朝光绪年间栽种的银杏树已成为“树王”。其树高15米，树干周长3.5米，直径1米多，年产白果200多斤。此外，大泗于氏祠堂旧址栽有2棵银杏树，树龄也在100年以上。

随着城镇化建设步伐的加快，大泗镇不少农户栽植雄性银杏树，旨在向市场提供风景树，产生良好的经济效益。

有机大米

2018年，泰州垄上行生态农场（得稻农场）与南京农业大学认证服务有限公司签约，在大泗镇二陈村征地近1000亩，其中206亩用于种植有机水稻。有机水稻一年只种一季，其余时间种植传统稻田绿肥——毛苕子，以滋养土壤，培肥地力。土壤经四年改良达到有机标准。选用江苏省农科院优质大米品种“南粳46”，引入高标准的BeMMO有机种植体系、科学的环境监测体系，遵从“三不原则”（完全不使用化学合成的肥料、不使用化学农药、不使用转基因的产品），水稻种植、加工、储存、运输、销售全过程符合国家有机标准及规程，生长期长达165天，米饭口感柔软滑润，富有弹性，入口清香，营养丰富。该农场生态绿色种植水稻，并与大豆、玉米、小麦、蔬菜等轮作；同时绿色喂养水牛、草鸡、羊等，打造种养循环的自然生态体系。

泰州垄上行生态农场（得稻农场）有机大米宣传广告（2020年制）

2020年10月，泰州垄上行生态农场（得稻农场）有机大米通过南京农业大学有限公司认证，正式投放市场，一时供不应求。2022年，实现有机水稻亩产350多千克，总产量约7.2万千克。

风干肉

明清以来，大泗人即制作风干肉。至2022年，大泗镇有100多户家庭从事风干肉制作，每年产量数十吨。数九隆冬，冰霜来临之际，是制作风干肉的最佳时节。取带皮的上等五花猪肉，切成条状，挂于房檐屋后阴凉通风之处，任其自然风干。经过自然风霜洗礼，五花猪肉自然收紧，猪肉油脂自然滴落，风干肉就做成了。大泗风干肉是做红烧肉、梅干肉的绝佳食材，除在本地畅销外，还销往苏南、上海、浙江一带。

御福园宾馆制作的风干肉（2023年摄）

美食

特色菜

大泗全牛席 清代起，大泗全牛席逐渐有名。大泗牛肉传承至今，已成为大泗独特的菜肴。大泗镇现有牛肉店几十家，均做全牛席，其中“泗水人家”的全牛席最为有名。全牛席以牛的头、尾、蹄、内脏、肉为原料。上菜顺序从头到尾，极为讲究。共有百余种菜品。最具代表性的十种，分别是牛气冲天（牛头）、爆炒世界（牛眼）、美味牛簧（牛舌）、生爆牛宝（牛宝）、酸辣牛肚（牛肚）、心怀天下（牛心）、铁板腰花（牛腰）、快马加鞭（牛鞭）、祥龙摆尾（牛尾）、脚踏实地

大泗全牛席（2022年摄）

（牛蹄）。牛肉分水牛肉和黄牛肉，水牛肉虽然柔嫩，但水分多，味不正；而黄牛肉纹理清晰，肉实味美，为大泗全牛席的首选。

牛杂汤 牛杂汤是大泗镇一道乡土名菜。大泗镇有好几家牛肉馆制作牛杂汤，最出名的数霍堡村的大泗李于牛肉馆。该馆宰牛、制作牛肉菜肴已有近百年历史，历经四代人传承。大泗牛肉制作技艺为区级非遗项目。现在泰州医药高新区（高港区）、姜堰区开有牛肉馆连锁店。牛杂汤营养丰富，能够减轻内热问题，增强身体抵抗力和免疫力，对于身体虚弱、失眠、各种炎症问题都有一定的调理作用。大泗镇有童谣云："霍堡牛杂汤，香飘全村庄；喝足牛杂汤，全身暖洋洋。"牛杂汤主要以牛肚、牛筋、牛心、牛板筋、牛舌和药材、雪菜等食材制成，制作简单便捷。

1.冷水下牛肚、牛筋、牛心、牛板筋、牛舌。加生姜、大葱、料酒焯水。把焯好水的牛肚、牛筋、牛心、牛舌洗一下。然后改刀备用。2.加一点食用油，下牛肚、牛筋、牛心、牛板筋、牛舌、生姜丝翻炒一下。锅边淋入料酒，加开水，加雪菜、药材、黄辣椒丝、胡椒粉，待水开后倒入高压锅加压煮15分钟。3.加盐、味精、鸡精调味，撒上香菜、葱花就可以出锅了。

牛肉丸 大泗李于牛肉馆的牛肉丸很有名气，制作方法已传承百年。其牛肉丸口味独特，口感鲜嫩，香飘四处。牛肉丸制作，突出选料、捶打。挑选水牛后腿肉，将鲜牛肉中的筋脂去除，切割成细块。将牛肉细块连同味精、盐、胡椒粉、蒜蓉酥、小苏打粉等一起放入绞肉机绞成肉浆。将牛肉浆倒入盘中，手工对其反复拌搅捶打，捻揉轻挑成丸。然后将牛肉丸放入油锅中温火轻炖，待牛肉丸香熟时，再放些调料烹制即可出锅。

牛蝎骨汤 牛蝎骨汤是牛肉系列菜中的精品，很受顾客青睐，尤其在冬季更受食客欢迎。牛蝎骨汤主料是牛蝎骨，配料有料酒、豆瓣酱、干红椒、花椒、八角、桂皮、草果、香叶、陈皮、冰糖等。牛蝎骨汤做法讲究，要经过几道工序。首先将牛蝎骨解剖成小块，洗净后冷水下锅。锅中加入少许葱叶、生姜和料酒，烧开后捞出牛蝎骨，洗净备用。锅中加入食用油烧热，加冰糖翻炒，倒入适量啤酒，放入牛蝎骨拌炒。然后倒入高压锅中，放入香料袋，加水，使水漫过牛蝎骨，加压煮25分钟左右，捞出香料袋。将牛蝎骨和汤一起倒入大锅中，大火烧三四分钟，便可出锅装盘，撒上少许葱叶、香菜即成。

椒盐牛排 大泗人制作的牛排有好几种，其中椒盐牛排最具代表性。

首先选取新鲜的牛排，剖开成十多块条形牛排，放入锅中加冷水烧开，然后捞出，用水洗净备用。将牛排倒入高

牛蝎骨汤（2022年摄）

大泗牛肉面（2022年摄）

李于牛肉馆的牛肉丸（2022年摄）

压锅，放入八角、丁香、葱果、当归、桂皮和陈皮，再加上生姜片、葱叶、热水，上高压锅加压煮十分钟左右。等高压锅蒸气消失即可捞出。在大锅中加入食用油，烧热油时倒入牛排，将牛排炸至硬挺即可捞出。然后将事先准备好的小料放入油锅中炒香，将排骨倒入锅中反复煸炒，撒上椒盐后便可出锅。

大泗牛肉面 大泗牛肉面是泰州医药高新区（高港区）的特色美食之一，在周边地区门店已有上百家。其具有风味独特、质优价廉、制作快捷等优势。汤底用大块牛骨以清水熬制12小时而成。牛肉以具有生肉之感的牛腿肉为佳，面是筋道的手擀面，辅以葱花、雪菜、香菜，具备“一清、二白、三绿、四黄”的视觉美感，由蔬菜、牛肉、清汤、面条、配料等构成“菜鲜、肉嫩、汤醇、面精、味美”的味觉体验，再现“细如发丝、薄如韭叶、宽如玉带、香润劲道、老少皆宜”的人文情怀。

全荷宴　大马村的大马水生植物园内长有十几种荷花、睡莲等各种花草，一年四季鲜花盛开。大马村利用这一自然优势，打造美景、美食文化，就地取材，推出全荷宴荷叶美食。其中荷叶鸡、荷叶饭、荷叶排骨、荷叶炖肉、荷叶八仙和各种荷叶图案拼盘别具特色。

两道全荷宴菜肴（2020年摄）

大泗土菜

咸肉蒸百叶　该道菜以五花咸肉、百叶为主要食材。将咸肉切成薄片，将高汤内加入适量盐调匀，将薄百叶卷起成筒状，切成略宽的百叶丝排入平底盘中。在百叶丝表面铺上咸肉片，淋入适量高汤，放入开水锅中，蒸15分钟即可。

红烧风干肉　将风干肉切成适口大小，在沸水中焯后洗净。将风干肉放入汤锅，加姜片，放水烧，5分钟后捞出。接下来的步骤与制作红烧肉一样。起油锅，风干肉放入锅中翻炒，然后倒入酱油，放入姜和茴香、桂皮。加水烧，须常翻动，差不多时，加入白糖。快收汁时，加入葱。此菜肉红葱绿，汤汁红亮，肥而不腻，香气扑鼻。

大蒜炒鸡蛋　将大蒜洗干净，切成两三厘米长的段。将鸡蛋打成匀液，放入盐和料酒。锅里放油，油七成热时，放入切好的葱、姜爆一下，将鸡蛋液倒入锅中，待稍成型后用铲子分割为合适的块状，取出备用。锅内放少许油，烧热后放入切好的大蒜，大火快速翻炒。大蒜八成熟时放入备用的鸡蛋块，加少许盐翻炒几下，就可出锅装盘。

小鱼围饼　先将水、食盐、油、姜、葱等一起入铁锅，烧沸后将去污洗净的小鱼放入汤中，汤水淹没小鱼即可。然后

咸肉蒸百叶（2023年摄）

大蒜炒鸡蛋（2023年摄）

红烧风干肉（2023年摄）

小鱼围饼（2023年摄）

将面粉（小麦粉、荞麦粉皆可）加水调和成浆糊状，浆糊不能稀也不宜厚，用筷子能挑起为好。待汤开始沸腾时，将面浆沿鱼汤上方锅沿，圈箍一周，并用铲子刮平。盖上锅盖用中火焖烧，待饼成熟后，将饼铲入盘中，然后连鱼带汤盛入另一盆里。入席后，撕一角饼蘸一下鱼汤，就这样吃饼又吃鱼。大泗顺口溜“小鱼围饼味真美，闻上味道下口水。只要尝上一大口，打个巴掌不肯丢”。

乡村小吃

磨“嫩嫩”　取“三月黄”麦穗，入木盆刀剁，碎芒风净，入锅文火烤熏（忌用猛火，慎勿烤焦），闻至熟香，速出冷凉，复挫擦，弃尽麦壳，将纯“麦果”入磨，须慎控磨口流量，若流量过大，“麦果”定被原样吐出，流量过小，磨齿被敷不能吐丝。遂用“木筹子”插入磨口以调控。待磨齿里吐出形如粉丝，一根根不停地挂落下来时，“嫩嫩”就成型了。“嫩嫩”香味四溢，阵阵扑鼻，可谓一家“嫩嫩”九家香。“嫩嫩”的食法不一，可生吃亦可熟吃。生吃时凉拌，将出磨的“嫩嫩”置入盘中，加入适量香油、酱油、葱花等搅匀即可。熟吃时做成炒食，最佳方法为韭菜炒“嫩嫩”，清香可口，百吃不厌。

摊饼　通常称为“光油烧饼”，又名“锅子脱壳”。半升面能摊三锅饼。古往今来，域内大泗农家妇女都有一手摊饼技艺。摊饼形如锅，薄如纸，油汪汪，黄酽酽，脆嘣嘣，香饽饽。摊饼制法：将面粉调和均匀，形如浆糊。若调厚了摊不匀，若调稀了饼溜网。摊饼前，用大火烧锅。放入抹锅油，抹锅油用量要慎重，不能多也不能少，多了饼摊不上锅，少了饼不起锅。饼摊成后，只能文火烘烤，千万不能猛火，否则把饼炕焦。待饼成熟时，从锅上口倒油，让油自然往下渗透，然后撒上细盐、蒜花即可出锅。将切成小段的韭菜入油锅，加适量食盐炒一会儿，再将饼入锅进行混炒。油量要充足，当韭菜饼显得油汪汪、软绵绵时即停火出锅。也有用雪里蕻咸菜炒饼的。平时，大泗人喜欢边喝粥边吃饼，甚感爽口舒心。

摊饼（2023年摄）

大泗老街围炉烧饼（2023年摄）

围炉烧饼　加工工具以围炉、铁夹、木槌为主，品种有甜、咸、插酥、脂油（龙虎斗），外形有圆形、椭圆形、方形，外撒芝麻。规模分挂炉、大围炉、小围炉。制成的围炉烧饼色泽浅黄，外皮酥，内瓤层次分明，筋道利口。制作时先将盐、香油、小米面、芝麻用清水加盐化开，放入白面和成冷水面团，再用油加热后晾温，放小米面和均匀，成为油酥瓤。然后将冷水面团上案，揉成长条，压扁按平，将油酥瓤均匀抹在扁平的面片上，由外向里卷成卷，抻成长条，揪成8厘米长、3厘米宽的剂子，将剂子擀成宽8厘米、长12厘米，前后折叠，中间搭茬，然后撒匀芝麻，翻过来洒些水，在案板上磨出浆水，即可上炉。上炉时生坯横放在手上，自右至左把炉口贴满，再自上而下贴满炉壁，间距0.5厘米，贴完后，盖上盖，稍等一会儿，即可出炉。

蜂糖糕 域内蜂糖糕很出名，其采用传统的发酵工艺，在规定的时间内烫酵。时间、水温是关键。烫酵时在面粉中加入适量的蜂蜜和白糖。蜂糖糕装上蒸笼后，先在上面用黑芝麻、胡萝卜丝、红枣、葡萄干、榨菜丝等点缀成红、绿、黑、白、黄相间的图案，然后上锅蒸煮。出笼后赏心悦目，食用时松软可口。刚出笼的蜂糖糕还有一个特点，拳头大的糕块放到手心一捏，便小如蚕茧；手一松开，仍恢复如初，让人们在享受美食的同时又平添了几分情趣。

茄饼 大泗人常称“炕茄饼”。这一美食已相传几百年。茄饼最讲究的是馅，过去的馅料多为韭菜、野菜、小菜等蔬菜，现在的馅料由素转为荤，常用猪肉、牛肉、羊肉等。有的还配上米虾。选用壮实的嫩茄子（如稍老的茄子需去皮、去掉头尾）均匀切成夹子式。炕茄饼的工序：先将面粉加水调成糊状，后将素油注入铁锅中，再将夹好馅的茄片涂满糊浆放入锅脐中，煎一会儿，再翻身一下，待两面皆呈金黄色就可出锅。

茄饼（2023年摄）

荞面汤饼（2023年摄）

荞面汤饼 又称荞面圆子，它们的口味基本一样，只是形状不同，扁的称荞麦汤饼，圆的称荞面圆子。制作荞面汤饼，讲究的是馅，有荤有素，荤的有猪油渣、肉丝和肉松等；素的有青菜、野菜和豆沙等。制作汤饼时，将荞面放入盆中，用开水拌调均匀后用手握拳反复揣压，揉搓成长条椭圆状，撕成小块，俗称坯子。将坯子搓成圆团，再将圆团捏成碗形，塞满肚料后密封搓圆，稍加压扁下锅煮熟即成。

第六篇　精神文明

精神文明建设是大泗镇推动各项事业加快发展的力量源泉，是大泗镇经济发展的支撑点。特别是党的十八大以来，大泗镇在全镇大力宣传学习社会主义核心价值观，陆续建起新时代文明实践所（站）、道德讲堂、农家书屋，制定村规民约，开展文明家庭、文明社区、文明城镇创建工作，评选美德善行人物、道德模范、中国好人。2017—2022年，大泗镇共评选出45名美德善行人物，其中有5位被评选为道德模范。域内钱维胜、张卫东被评为“中国好人”。2020年11月，大泗镇被评为全国文明镇。

宣传阵地

新时代文明实践所（站）

2019年，大泗镇开始在镇区建设新时代文明实践所，在各村和社区建设新时代文明实践站。新时代文明实践所位于泗白路东侧、大泗小学北侧，四层楼房，建筑面积约7200平方米。实践所紧紧结合大泗镇地方特色文化，着力突出“传思想、传政策、传道德、传文化、传技能”五大功能，同时以大泗的“泗”字为主线，将实践所分为“泗味书屋”“繁花泗锦”“好人好泗”等12个部分。

一楼由文明志愿岗、“泗味书屋”和“学习强镇”等部分组成。文明志愿岗处设置便民服务项目，为群众提供雨伞、针线包、医疗箱、打气筒等服务。“泗味

大泗镇新时代文明实践所（2022年摄）

书屋”设置在便民服务大厅东北角，方便前来办事的群众利用等待时间阅读。书屋里还设置了科普体验区，通过开展体验活动提高市民的科学兴趣。“学习强镇”将习近平总书记的经典语录（金句）融入楼梯文化，群众通过微信扫一扫，便可以找到金句的出处。

二楼通过“泗里八乡”“繁花泗锦”“志在泗方”“好人好泗”等主题，展示大泗自然风貌和人文风采。“繁花泗锦”展示新时代文明实践所组织结构、制度和志愿者服务情况。“志在泗方”是大泗镇的名人展示馆。“好人好泗”是大泗镇的道德讲堂，展示好人代表的形象。

三楼“泗水流连”是大泗镇文体活动场所。有瑜伽室、健身室、乒乓球室、台球室、棋牌室等，供群众休闲娱乐。

四楼是“泗民说讲”课堂，可容纳150多人，用于开展理论宣讲、知识讲座、讲党课等活动。

至2022年，大泗镇已建成新时代文明实践所1个、新时代文明实践站13个，实现站所建设镇村全覆盖。

道德讲堂

2010年，大泗镇建成道德讲堂，并利用道德讲堂开办道德讲座。从社会公德、职业道德、家庭美德和个人品德四个方面，传颂身边榜样，传递文明之花。每季度通过“做一番省身、唱一首歌曲、看一部短片、诵一段经典、讲一个故事、做一番点评、送一份吉祥”“七个一”的

霍堡村道德讲堂（2022年摄）

形式，以公民思想道德建设为主要内容，用身边人讲身边事，用身边事教育身边人，构建崇德向善的良好社会氛围。

至2022年，全镇各村（社区）共举办“道德讲堂”活动130场，选树道德好人18个。

百姓大舞台

2015年，大泗镇群众艺术团成立，有演职人员35人。群众艺术团到各村（社区）搭建舞台，为群众表演节目。2016年，大马村投资40余万元，建成百姓大舞台，面积60平方米。2018年，霍堡村投资23万元，建成百姓大舞台，面积100平方米。2019年，杨营村投资28.36万元，建成百姓大舞台，面积40平方米；曹于村投资60余万元，建成百姓大舞台，面积40平方米；前进村投资60万元，建成百姓大舞台，面积80平方米；北港村投资29万元，建成百姓大舞台，面积100平方米。至2022年，大泗镇已有6个村（社区）建成百姓大舞台。

“舞飞扬”2015年成立，是大泗镇的一支群众文体队伍，专门演出广场舞。广场舞队伍利用“泗说新语”抖音号，自导自演，拍摄反邪教、反诈骗、传统文化等系列短视频，传递正能量。

大泗镇群众艺术团和“舞飞扬”2支群众文体队伍常年活跃在全镇13个村

霍堡村乡村大舞台（2022年摄）

（社区）的百姓大舞台上，开展丰富多彩的活动，既通俗易懂，又寓教于乐，备受群众喜爱。

志愿者服务站

2020年，大泗镇开始组建志愿服务站和志愿服务队，设立志愿服务项目，开展志愿服务活动。当年，大泗镇设立“爱心助老送餐”志愿服务项目，致力于解决高龄、独居、生活困难、自理能力差的老年人用餐问题。志愿服务站规划“送餐路线”，配备“红色骑手”，每天将热气腾腾的饭菜送到老人手中。2021年，大泗镇“爱心助老送餐”志愿服务项目荣获泰州市最佳志愿服务项目，获评江苏省青年志愿服务大赛二等奖。

至2022年，全镇先后建成14个志愿服务站，组织18支志愿服务队，由42人组成。各个志愿服务站实施志愿服务积分兑换制度，依托“泗愿驿站”志愿积分兑换平台发布理论宣讲、卫生健康、移风易俗、科普宣传等志愿服务活动40余次，参与兑换近2000人次，累计积分达5万余分。

农家书屋

2016年以来，为解决全镇广大农民群众买书难、借书难、看书难的问题，

大泗社区志愿者服务站（2022年摄）

设于大泗镇政府大院的农家书屋(2022年摄)

霍堡村农家书屋(2019年摄)

大泗镇先后在13个村(社区)建成农家书屋,实现村(社区)农家书屋建设全覆盖。各农家书屋与区图书馆可实行通借通还。

大泗镇以农家书屋为载体,组织开展“书香里的年味”“阅读新时代 书香飘万家”“书香泗溢 润心致远”“诗词大会”“旧书换绿植”等主题阅读活动。2022年,全镇农家书屋总藏书量2.91万册,年接待阅读者达5000多人次。

文明创建

文明镇创建

2016年，大泗镇启动全国文明镇创建工作。大泗镇党委、政府把创建工作作为“一把手”工程，党政主要负责人带队，实地督导找问题，现场交办促整改。定期召开专题会议，针对工作中遇到的重点难点问题、薄弱短板项目，由党委统筹、党委班子成员牵头，实行销号管理。组织机关干部、交警、志愿者开展交通路口“每日1小时”执勤活动。全面推行“路长制”，按单双日排执勤表，对占道经营、乱停乱放、不戴头盔等现象加大执法和劝导力度。城管队员每日6点集

大泗镇大泗社区一角（2024年摄）

结，将农贸市场及周边、背街小巷作为重中之重，对大泗社区进行专题督办督查，持续做好管护整治工作。对集镇实施污水管网铺设、坑洼不平路面整治、空中缆线整治等，拆除老卫生院院墙拓展停车空间，对集镇、主次干道、小区等停车位和停车线进行科学合理的规划设置。对占道经营、违章停车、违贴小广告、骑行不戴头盔等突出问题，加强联合执法，持续严管严治。集中改造老旧电线杆和变电箱，在110余根电线杆和近20个变电箱上绘制二十四节气、中草药文化、古典文学和精神文明建设等主题彩绘，扮靓沿街风景，渲染文化气息。利用新时代文明实践站所、道德讲堂等阵地，大力培育和践行社会主义核心价值观，提升村民的整体素质。

2020年11月20日，中央文明委公布关于表彰第六届全国文明城市、文明村镇、文明单位等的决定，大泗镇获评全国文明镇。

文明村（社区）创建

从2010年起，大泗镇开展文明村（社区）创建活动，要求村（社区）一把手带头抓创建。2018年，大泗社区

霍堡村法治长廊（2022年摄）

和霍堡村获评泰州市文明社区；2021年，大泗社区获评泰州市文明社区，康乐村、时庄村、霍堡村获评泰州市文明村；2022年，霍堡村获评江苏省文明村。

文明家庭创建

2016年起，大泗镇把文明家庭创建作为社会主义精神文明建设的重要载体，认真组织评选，为更多的家庭树立榜样，取得良好的社会效益。至2022年，共评选出45户文明家庭，其中有5户文明家庭受评较高。

钱正宝家庭　钱正宝，大泗镇马龙村人。家庭成员5人，家风淳朴。其子钱维胜坚守农村三尺讲台20余年，2014年，为了祖国边陲教育事业参加援藏支教，一去就是5年。一人援藏，全家支持。5年的时间里，儿媳吴红琴一人独自承担教育孩子、照顾老人的家庭重担，毫无怨言。

戴广宏家庭　戴广宏，大泗镇大泗社区人。家庭成员14人。孩子们考入大学后，分别去了不同的城市，他们夫妻二人和多病的父母留在家中。生活中，他们夫妻之间互相尊重，坦诚相待，互敬互爱，遇事商量，从没吵过架。他们孝敬长辈，任劳任怨，齐心协力地照顾生病的老人，受到邻里的称赞。

于群华家庭　于群华，大泗镇大马村人。于群华一家特别关心家乡人，经常帮助乡亲排忧解难，邻里关系情同手足。家乡门前的小路路面较窄，于群华主动出资把路拓宽。他自费购买建筑材料，请来施工队伍，把原来的小道拓建成6米宽、300多米长的水泥大道。同组村民于世宏家境困难，其爱人查出肝癌却无力治疗，于群华当即拿出1万元给于世宏爱人看病。一位老人到村里求助，称其孙女上不起学，于群华拿出1000元给老人。

于淦林家庭　于淦林，大泗镇前进村人。其一家世代行医，医德高尚。于淦林的父亲于廉章90多岁时还坚持坐诊，给人看病，并为患者着想，收费很低，遇到经济困难的患者，有时分文不取，留饭留宿。于淦林从小耳濡目染，他和儿子也走上了乡村医生这条路。

陈荣章家庭　陈荣章，大泗镇大泗社区人。陈荣章和妻子相敬相爱，和睦共处，对子女言传身教。夫妻俩一起悉心照料家中老人，嘘寒问暖。陈荣章是大泗社区工作人员，他坚守岗位，尽心尽责，守护着社区每一户家庭。妻子杨勇是大泗镇卫生院的医护人员，她恪尽职守，勇担使命，战斗在疫情防控最前沿。陈荣章的女儿陈妍，积极参加志愿工作，帮助他人，普及防疫科学知识，受到群众的好评。

中国好人

援藏园丁钱维胜

钱维胜，1976年8月出生，中共党员，中学教师，副高职称，2022年任泰州医药城教育集团执行副校长。

1995年7月，钱维胜毕业于泰州师范学校。毕业后，被分配至姜堰市大泗初级中学工作。2000年7月，他从南京师范大学新闻与传播学院函授大专班毕业。2005年7月，他从南京师范大学文学院汉语言文学函授本科班毕业。1995年8月至2014年7月，在姜堰市大泗初级中学（今泰州市大泗学校）从事教学工作，历任学校团总支书记、政教

钱维胜和藏区学生们在一起（2016年摄）

处主任、教科室主任。

2014年，钱维胜响应国家号召，参加援藏支边工作。该项工作原本要求援助一年，而钱维胜在藏区孩子们的挽留下，一留再留，在青藏高原连续支教5年。援藏工作结束后，他回到原单位泰州市大泗学校工作，担任副校长。2020年8月，他继续从事教育扶贫工作，赴陕西省咸阳市淳化县支教一年。其间，钱维胜深受当地领导、老师和学生的喜爱。其先进事迹先后被中央电视台《朝闻天下》及《半月谈》《现代快报》等十多家新闻媒体报道。

钱维胜先后获得全国模范教师、全国先进工作者、中国好人、江苏省优秀共产党员、江苏省最美教师、全省脱贫攻坚暨对口帮扶支援合作先进个人等荣誉称号，是中国共产党泰州市第六次代表大会代表及主席团成员、中国共产党江苏省第十四次代表大会代表、江苏省333高层次人才培养对象、泰州市中小学校长卓越领导力培养对象、泰州市中学语文学科带头人、江苏省特级教师后备人才。

师德模范张卫东

张卫东，1967年12月出生，大学本科文化，中共党员，小学教师，2022年任泰州市大泗学校工会副主席。

1986年7月，张卫东从泰州师范学校毕业后，任教于大泗中心小学、大泗学

张卫东和他的小学员们（2018年摄）

校小学部。1991年6月，他从扬州教育学院函授体育大专班毕业。2015年7月，他从盐城师范学院函授小学教育本科班毕业。

在大泗学校，他任教语文、数学、体育、书法等。他负责的小学篮球训练成绩突出，曾带领大泗学校小学篮球队参加江苏省小学篮球夏令营，在夏令营比赛中获得团队第六名的好成绩。他还带队参加扬州市、姜堰市的小学篮球比赛，多次获第一名。大泗学校因此被评为江苏省小学篮球传统学校。他负责的小学女子足球训练同样成绩显著，大泗学校因此被评为全国小学足球传统学校。

1998年，一场意外的车祸使他左下肢严重损伤，左脚严重畸形，脚底留下一个终身不愈的伤口。他身残志坚，坐着轮椅坚持带队训练学员。2002年，他成为江苏省轮椅篮球队的一名队员。从2002年到2019年，他坚持参加江苏省残疾人轮椅篮球队训练，从队员一直干到教练。他多次参加全国锦标赛、残疾人全国运动会，并取得较好名次。

张卫东在30多年的教学生涯中，关爱学生，经常捐钱捐粮帮助困难学生。他在遭受重大车祸身体残疾后，仍然战斗在教学第一线，被同事们称作“拼命三郎”。张卫东先后获得中国好人、泰州市师德模范、高港区师德模范等荣誉称号。

道德楷模

自2017年起，大泗镇开展美德善行人物评选，主要分为诚实守信、敬业奉献、孝老爱亲、助人为乐、见义勇为5个评选类别。至2022年，共评选出美德善行人物53名。其中有7名道德楷模。

敬业奉献侯先栋 侯先栋，男，1969年9月出生，泰州市靖江市人。2005年，他来到高港区，创办了泰州市诚泰测绘服务有限公司（今江苏诚泰测绘科技有限公司）。公司创立之初，只有不到10名员工。在左邻右舍和各方热心人的帮助下，他的公司一步步发展壮大起来。公司创办成功后，他不忘回报社会。他主动牵头，发动身边的朋友，共同组建泰州医药高新区雨露爱心协会。协会成立后，他带领协会成员积极开展“阳光助学行动”，为困难学生捐资助学。在他的帮助下，至2022年，463名困难学生重返课堂。他所倡导的“爱心热潮”从泰州市迅速传播，一直席卷全国，产生广泛影响。

孝老爱亲于龙娣 于龙娣，女，汉族，1952年11月出生，大泗镇曹于村人。早年，于龙娣的儿子因车祸不幸去世，留下年幼的孙女，于龙娣夫妻毅然承担起抚养的重担。婆婆杨改珍年迈多病，一直需要贴身护理。2021年，丈夫因脑出血瘫痪在床，生活不能自理。治疗出院后，仍然需要精心护理。于龙娣每天多次为丈夫清洗并搽药，从未间断。多年来，她无微不至照顾婆婆和丈夫，以实际行动树立起孝老爱亲的典范。

救死扶伤陈同金 陈同金，男，汉族，1964年11月出生，大泗镇马龙村人，中共党员。复员军人，大泗镇卫生院副院长。他始终以一名军人和党员的标准严格要求自己，先后被评为区优秀共产党员、征兵工作先进个人、江苏省优秀基层骨干医生等。他视病人如亲人，想病人所想，急病人所急，只要病人需要就及时赶到，累计完成各类手术数千例，无一例医疗事故，收到病人或家属表扬信、感谢信、锦旗等数百份。他积极发挥传帮带作用，先后带出乡村医生十余名。

扶贫助困钱锁宏　钱锁宏，男，汉族，1973年9月出生，大泗镇马龙村人。上海墨艺建筑装饰工程有限公司董事长、执行董事，国家注册建造师、国家注册工程师。他热心于扶贫助困，多次资助家乡的孤寡老人、贫困伤残人员，并且多次捐款支持家乡的修路建桥工程，一捐就是三五万元。多年来，他先后帮扶过30多名贫困者，十多次捐款支持家乡基础设施建设。

救人英雄沈于、谢振华　沈于，男，汉族，1990年出生，大泗镇大泗社区人，中共党员，二陈村村干部。谢振华，男，汉族，1976年出生，大泗镇二陈村人，二陈村党总支副书记。2022年5月30日21：30左右，二陈村六名村干部在秸秆禁烧巡查时，发现一个女孩从小路掉进鱼塘，并往深水区滑去。鱼塘最深处有两三米，情况非常危急。谢振华来不及多想，脱掉鞋子就跳进河中，一把拽住女孩，并将其往浅水区拉，但水中淤泥较深，很难拽动。同行的沈于也奋不顾身跳入河中，在其他四名村干部的合力营救下，女孩被安全救上岸。沈于此前曾因救人获评高港区见义勇为先进个人。

任劳任怨冯春美　冯春美，女，汉族，1976年出生，大泗镇杨营村人。冯春美自从结婚后，就担起了家里的重担，其丈夫杨永泉的大伯杨桂泉自幼患有小儿麻痹症瘫痪在床，她也负责照顾大伯的日常生活。天有不测风云，丈夫又患上直肠癌去世，让这个原本困难的家庭雪上加霜。面对接二连三的打击，冯春美没有退缩，而是选择担当，在处理好丈夫的后事后，她继续照顾大伯的生活起居。她以真情无私付出，用爱撑起一个家。

霍堡村五星家庭宣传长廊（2024年摄）

2017—2022 年大泗镇美德善行榜人员一览表

表 7

姓　名	性别	所在村(社区)	获评年份	姓　名	性别	所在村(社区)	获评年份
赵　露	女	时庄村	2017	王兰珍	女	大马村	2017
卞文伯	男	霍堡村	2017	陈长荣	男	大泗社区	2017
谢灵康	男	大泗社区	2017	于荣才	男	前进村	2018
张回兰	女	佴庄村	2018	王步忠	男	霍堡村	2018
张卫东	男	大泗社区	2018	陈仁寿	男	大泗社区	2018
于伯林	男	大马村	2018	罗新妹	女	大马村	2018
曹光甫	男	康乐村	2018	王广庆	男	大泗社区	2018
韩凤林	男	曹于村	2019	于群华	男	大马村	2019
陈　俊	男	大泗社区	2019	赵爱萍	女	大马村	2019
倪华春	男	大马村	2019	程克明	男	曹于村	2019
郭　兰	女	康乐村	2019	董　峰	男	大马村	2019
张春植	男	佴庄村	2019	钱维胜	男	马龙村	2020
杨　勇	女	大泗社区	2020	杨学龙	男	杨营村	2020
陈　翔	女	大马村	2020	栾中庆	男	霍堡村	2020
张　慧	女	大泗社区	2020	戴　茹	女	杨营村	2020
成盛平	男	杨营村	2021	孙家宏	男	大泗社区	2021
吴天明	男	康乐村	2021	钱晓翠	女	时庄村	2021
杨玉杰	男	杨营村	2021	于寨兵	男	前进村	2021
曹慎之	男	康乐村	2022	左兰凤	女	北港村	2022
叶义君	男	大泗社区	2022	沈　彪	男	佴庄村	2022
王　娟	女	康乐村	2022	于荣蓉	男	前进村	2022
于瑞平	女	马龙村	2022	顾　祥	男	曹于村	2022
周　霖	男	大泗社区	2023	于龙娣	女	曹于村	2023
陈同金	男	大泗社区	2023	侯先栋	男	大泗社区	2023
史继平	男	大泗社区	2023	冯春美	女	杨营村	2023
沈　于	男	二陈村	2023	谢振华	男	二陈村	2023
张才纪	女	霍堡村	2023				

村规民约

2016年，大泗镇各村（社区）立足本地实际，制定村规民约，引导广大群众自觉遵守，有效推动文明乡风的形成和经济社会的发展。其中具有代表性的村规民约有大泗社区居民公约、霍堡村村规民约、大马村村规民约、佴陈村村规民约。

大泗社区居民公约

1.爱国爱家。拥护党的路线、方针、政策，铭记党恩，拥军优属，传递正能量，家庭和谐，夫妻恩爱，婆媳、妯娌和睦互敬。

2.正道守法。遵守法律法规，公道正派，弘扬正气，敢于与不法行为、不文明行为作斗争，不轻言上访，不非法上访，不违法违章建设，不投机钻营。

3.尊老爱幼。视老如已，待幼如子，真情敬老，真情爱幼。

4.诚信厚道。言出必行，立说立行，胸怀宽广，厚德积福，不争口角，不生是非，相敬相帮，包容谦让，团结共进。

5.感恩乐善。懂感恩，多行善，邻里和谐，帮弱济困，热心公益，乐于助人，善行天下。

6.创业上进。以创业致富为荣、好吃懒做为耻，科学创业，勤劳致富。

7.崇文尚武。尊师重教，懂得诗书发家、身体是革命的本钱、教育是重要责任的基本道理，志存高远，教育后辈多读书、读好书，热爱体育运动，强健体魄，以德能兼优的目标教育后辈。

8.移风易俗。倡导文明新风，反对封建迷信，破除陈规陋习，抵制歪风邪气，反对薄养厚葬，厉行节约，不大操大办，不铺张浪费。

9.保护环境。维护公共秩序、公共卫生，垃圾分类处理，定点投放，不乱堆乱扔、乱贴乱画、乱挖乱采、乱埋乱葬、乱砍乱伐、乱搭乱建，不污染河道，不焚烧秸秆，不乱放畜禽，爱护公共设施，保护公共资源，保持家庭内外干净整洁，尽量实现亮化绿化。

大泗社区志愿服务队员（2022年摄）

10.文明新风。远离黄、赌、毒，不造谣、不信谣、不传谣，不酒后驾车，节约水电能源，杜绝野外用火，重视安全，防止事故。

霍堡村村规民约

1.不乱抛乱烧秸秆、杂物、生活垃圾，保护环境，讲究卫生。

2.不侵占损坏公共设施、他人财物，与人友善，邻里和睦。

3.不赌博，不信邪，不搞邪教迷信活动，崇尚科学，弘扬美德。

4.不早婚，不遗弃，不做夫妻不忠的事，夫妻恩爱，家庭和谐。

5.不虐老，不欺幼，不做侵害家人的事，礼让敬孝，善待他人。

6.不谎言，不欺诈，不取违心不义之财，做人做事，诚实有信。

7.不懒惰，不浪费，不搞淫乱，不讲排场，生活质量逐年提高。

8.不昧心，不贪心，不做损人利己的事，尽力帮助孤残老幼。

9.不乱停，不酒驾，不在公路打谷晒粮，遵守交规，注意安全。

10.不违法，不违规，不在公共场所吸烟，自觉履行各项义务。

大马村村规民约

大马村，是福地，民风美，人称奇。
广征集，共商议，立此规，共遵守。
讲文明，树新风，倡诚信，讲正义。
常学习，提素质，宽胸襟，主公道。
讲道德，懂礼貌，济贫困，助残疾。
遇矛盾，不争吵，靠组织，找民调。

扫黑恶，扬正气，黄赌毒，立举报。
勤学法，辨是非，创平安，讲法治。
有诉求，按程序，逐级提，不乱访。
行自治，建共享，村内事，多商量。
有垃圾，分类放，有杂物，摆整齐。
多栽树，重环保，有秸秆，禁焚烧。
敬养老，教育小，真善美，多弘扬。
婚丧事，要简办，不铺张，不攀比。
邻里睦，家和好，圆梦路，奔小康。
建设好，新农村，本条约，需牢记。

佴陈村村规民约

1.倡导社会主义核心价值观。自觉参与文明家庭创建和村级道德讲堂等活动。

2.倡导爱国守法。自觉遵守各种法律法规，拥军优属；不损坏、偷盗集体或个人财物；不参加黄赌毒活动；不进行胎儿性别鉴定，不遗弃婴儿。

3.倡导保护环境。积极参与治理“五乱”（柴草乱放、粪土乱堆、垃圾乱倒、污水乱泼、违章建筑）和环保行动，实行垃圾分类；杜绝秸秆焚烧、乱抛、深埋；保护树木，不得损坏摧毁林木，营造优美生态环境和宜居村庄环境。

4.倡导文明新风。推动移风易俗，破除陈规陋习；厉行节约，文明交通，文明用餐，文明过节，文明祭扫，生态安葬；红白喜事不得大操大办；不搞封建迷信，不聚众赌博，不无证驾驶，不酒后驾车。

5.倡导团结邻里。提倡邻里和谐，倡导男女平等；不排斥不刁难外来人口，不寻衅滋事，不喝酒闹事，不搬弄是非，不打架不骂人，不侮辱诽谤他人。

6.倡导先进文化。尊师重教，积极捐资助学；不让适龄子女中途辍学。

7.倡导诚信经营。言而有信，诚信做人；承包耕地不得抛荒，不得使用高毒禁用药物，不销售劣质农产品和过期食品；按时归还他人财物和银行借款。

8.倡导孝亲爱老。赡养老人，关爱子女，夫妻和谐，多抽时间陪伴父母；不搞性别歧视；不搞家庭暴力。

9.倡导志愿服务。自觉弘扬“奉献、友爱、互助、进步”志愿服务精神，学雷锋，助人为乐，扶贫助残。当他人财产和人身安全受到威胁的时候，能挺身而出，见义勇为。

10.倡导集体主义。树立“村盛我荣、村衰我耻”和“八荣八耻”的价值理念，热爱集体，热心公益，积极参与集体公共事业建设。

家风家训

历史上，域内不少姓氏都修了家谱，其中均载有家风家训内容。近年来，大泗镇于氏、钱氏、杨氏、陈氏等姓氏续修了家谱。他们与时俱进，更新家训家风内容，修改后的家训家风内容更多地体现社会主义核心价值观。

于氏家训

惩赌博　天下丧品败家之事，莫甚于赌博游手好闲之人。终日无事，便思白手寻钱，然输日多而赢日少，迨后家资荡尽，穷苦无聊，则又流于为贼为盗，犯法遭刑，父母受辱，妻子无依，皆由于此，深可痛恨。族中若有三五成群摸牌掷骰者，无论尊长老幼，均需会众入祠责惩。更有开场众赌、设局骗诱者，罪加一等。不遵祠规，送官究治。

敬师长　轻薄之夫妄自尊大，以惰宗族。负才之子自恃聪明，而傲父师，以至侈然，肆志于师长之前，嗤老成为末学，诋前辈为迂儒，纵师长见容，而井蛙之见，佻达之风，不免为识者鄙矣。所以古来有道之士，德业越高，则意气愈下，名望越重，则礼貌愈恭。虽年齿相等，犹不难屈节以待之，况师长乎。为子弟者凡遇师长，勿论内外亲疏，皆当恪恭敬礼，毋得倨傲成风。

教子孙　人家子孙各有品质，务必延师训诲，通文理或风水。浅薄不能上进，则以耕为业，亦可终身。质之钝者，或督其耕农，或令其贸易，或教以技艺，务必自幼付一生业，不可姑息失教，以至游手好闲，淫荡忘反。一涉于此，不惟贫寒之子孙，流入匪类，即富厚之家亦难免落薄也。

孝父母　人之生虽禀乎天地，而实受形于父母，其乳哺养育之恩，诚昊天罔极者也，奈何世有逆子，不仅不克承敬孝顺，并有宠爱妻妾，而逆双亲者。或因兄弟争业，而恐父母偏心者，或因父母年老龙钟，反生厌恶者，安用此逆子为哉。为人子者，不仅自身孝顺，必宜化导妻子儿女敬顺双亲，以娱年老。

杨氏家训

处邻里 处乡邻何有何亡，不可执着而不通。家常用物不可吝惜而不备，些许小惠不可稍有德色。偶然口角，切莫固结不解，岁时伏腊，斗酒言欢，吉凶患难，忧乐与共，其出入相友，守望相助，疾病相扶，持优有游，谈笑忌刻两忘，是亦匹夫也。为善于乡者也，爱人人爱，敬人人敬，不亦洵足乐也哉。

教耕读 人家子弟不读则耕。天子三推，所以劝农而教耕也。但耕必乘时，失时不耕，土等石田当时不耘，谷蒙丰草，过时不收，遗之禽餐。三时不怠，家给人足，闭户安居，而外行可免矣。不务本而逐末，用机诈以取利，美衣食而决心浮而不实，终归冻馁求。如专心农务，饱食暖衣者，岂可得哉。故耕读为本，虽属常言俗语，实传家之要道也。

陈氏家训

族戒 *戒佚游* 骄奢淫逸不事生产，在国谓之游民，在家谓之浪子，皆君王所不治，慈父所不容者也。故戒佚游第一。

戒嗜酒 酒以成礼宴以合欢，然，而沉湎废事湛溺伤生，则亦名叫之罪人也。若夫纵情乱性，肆暴逞凶，非人理矣。故戒嗜酒第二。

戒赌博 白手赢财，情等劫夺，罄身输物，势同剽卤。父母之供养不顾，妻子之冻馁不闻，廉耻均丧，名行胥乖，祸出非常，变生不测，皆赌博之为祸烈也。故戒赌博之三。

戒斗狠 小忿不忍，忘身及亲，大怒弗惩，结冤累子。逞一时之血气，坠数世之箕裘，是斗狠所必至也。故戒斗狠第四。

戒豪华 富以俭成，贫由惰致，待客迎朋，不必奢侈，应以诚相待，一味追求阔气，既铺张浪费，又适得其反。故戒豪华第五。

戒骄傲 三人行必有我师焉，取得一点成就，即自高自大，盛气凌人，必须

大泗镇《陈氏族谱》

戒骄戒躁，谦虚谨慎，要知道，前程无止境。故戒骄傲第六。

族约　热爱祖国，团结宗族，不容有辱国藐政之行为。

遵守国法，敬德敬业，不容有作奸犯科之行为。

文明礼遇，加强修养，不容有污秽卑劣之行为。

禁止毒品，严禁嫖赌，不容有伤风败俗之行为。

服从祖训，端本孝悌，不容有尔虞我诈之行为。

创新创业，勤学苦练，不容有懈怠涣散之行为。

勤俭节约，艰苦朴素，不容有奢侈浪费之行为。

见义勇为，排难解纷，不容有避难推诿之行为。

珍视谱牒，妥善收藏，不容有乱置散失之行为。

孝敬长辈，祭奠祖宗，不容有亵渎忤逆之行为。

徐氏家训

一、不得嫖赌以倾身家

二、不得起灭以坏心术

三、不得游惰以忽生涯

四、不得便宜以伤公道

五、不得议论长短以损忠厚

六、不得欺骗他人以坏行业

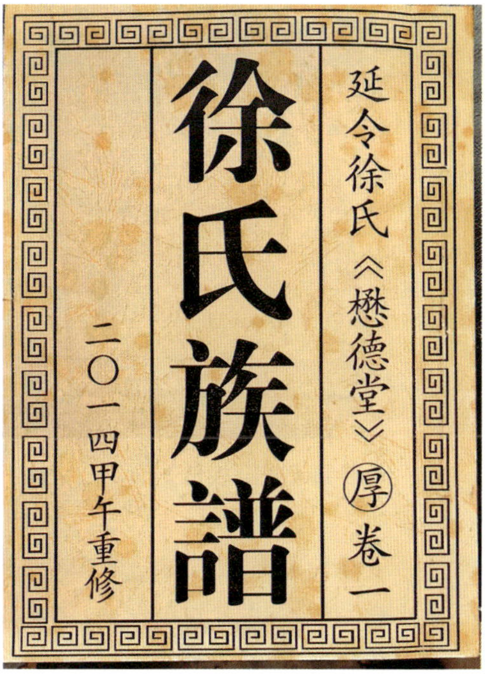

大泗镇《徐氏族谱》

七、不得炎凉妒忌为轻薄子

八、不得卑污苟贱为下流人

九、不得交结无赖为鼠窃狗偷

十、不得营私舞弊以惹祸招非

十一、不得刻薄残忍以利妨人

十二、不得奸淫诈伪伤风败俗

钱氏家训

个人　心术不可得罪于天地，言行皆当无愧于圣贤，曾子之三省勿忘，程子之四箴宜佩，

持躬不可不谨严，临财不可不廉介，处事不可不决断，存心不可不宽厚。

家庭　欲造优美之家庭，须立良好之规则。内外门闾整洁，尊卑次序谨严，

大泗镇《钱氏族谱》

父母伯叔孝敬欢愉，妯娌弟兄和睦友爱。祖宗虽远，祭祀宜诚；子孙虽愚，诗书须读。娶媳求淑女，勿计妆奁；嫁女择佳婿，勿慕富贵。勤俭为本，自必丰烹。忠厚传家，乃能长久。

社会　信交朋友，惠普乡邻。恤寡怜孤，敬老怀幼。救灾周急，排难解纷。修桥路以利人行，造河船以济众渡。兴启蒙之义塾，设积谷之社仓。私见尽要铲除，公益概行提倡。不见利而起谋，不见才而生嫉。小人固当远，断不可显为仇敌；君子固当亲，亦不可曲为附和。

国家　执法如山，守身如玉，爱民如子，去蠹如仇。严以驭役，宽以恤民。官肯着意一分，民受十分之惠。上能吃苦一点，民沾万点之恩。利在一身勿谋也，利在天下者必谋之；利在一时固谋也，利在万世者更谋之。大智兴邦，不过集众思；大愚误国，只为好自用。聪明睿智，守之以愚；功被天下，守之以让；勇力振世，守之以怯；富有四海，守之以谦。庙堂之上，以养正气为先。海宇之内，以养元气为本。务本节用则国富；进贤使能则国强；兴学育才则国盛；交邻有道则国安。

第七篇　村落文化

大泗人民在创造物质财富的同时，也创造了多元的村落文化。这里明清时期有诗人陈日新、陈玉章，现当代有画家谢宗和、书法家纪松等，他们的书法、绘画、诗文显示了较高的艺术造诣和文化积淀。大马庄的民歌民谣、劳动号子，杨营村一带的木偶戏、打腰鼓，霍堡村的宰牛，曹于村的于氏制药等传统技艺，是大泗镇特有的艺术符号。域内普渡禅院、宝善堂、钱家祠堂和佴家庄战斗纪念碑等建筑物，则是见证大泗镇历史的标识。

诗词

登平山旧作

清·陈日新

青春白日上平山，花柳依依十里间。
闲风吹拂红袖舞，游人何处觅仙关。

庆长春先生寿

清·陈日新

清白家声仰四知，服官未暇且随时。
右军书好闲临帖，高适名成仅赋诗。
灼灼榴花明画锦，青青梅子泛琼卮。
客来拟进三多祝，绕膝儿孙起凤池。

注：陈日新（1770—1842），大泗人，清乾隆年间国监生。《庆长春先生寿》诗写于嘉庆十六年（1811）。长春先生即杨长春（1762—1825），大泗人，一生忠孝清廉。陈日新一生写诗文50多首，现仅留存4首。

杨铭君赞

清·王晋康

仗义疏财纳结深，急公奉上尽忠忱。
千年米粟三农历，万里江山一片心。
葵向负暄献尔曝，波涛恃信任君临。
由来母训终身守，效顺庭帏达紫岑。

注：王晋康，生卒年不详，清道光年间郡庠生，镇江人。杨铭（1800—1859），字宾瑟，大泗杨官营人，书儒。

赠松严诗

清·季鳌

郁郁陵上松，青青园中竹。
杨君多德音，其地类空谷。
堪与术通神，救贫资弗禄。
斯世有斯人，葛蕾荫樛木。

注：季鳌（1785—1856），字冠峰，大泗人，清嘉庆年间国监生。杨鹤庆（1769—1844），字泗滨，号松严，大泗人，清乾隆年间登仕郎，有泗水杨善人之称。

中日战争时诗四首

现代·陈玉章

（一）

中原统一几经年，衅起强邻战祸连。
重炮隆隆声震地，飞机扰扰影迷天。

繁荣商埠成焦土，锦绣都城化成烟。
枉说江南春色好，而今回首觉凄然。

（二）

横行无忌是东瀛，动辄兴师出远征。
辽省未曾还失地，平津又复陷名城。
羁迷亲室全为计，利用汉奸太不情。
借问睡狮何日醒，神威扫荡息纷争。

（三）

小鬼居然竟跳梁，侵吞蚕食太猖狂。
长江滚滚难封锁，大陆纷纷尽恐惶。
欲免生灵转沟壑，端知名将战沙场。
须知万国无公理，唤醒同胞当自强。

（四）

华南华北及华中，轰炸肆行水陆空。
机场银行都炸毁，汽车铁道断交通。
牺牲且耐当前苦，胜利图成最后功。
还我河山应不远，伫看跨海返征东。

中日战争时元宵节有感

现代·陈玉章

年年元夜景无穷，谁料而今竟不同。
一路笙歌都绝响，万家灯火总成空。
感怀日影青楼月，梦想乡城紫陌风。
只有别开新变局，机飞炮击满城中。

乱世吟

现代·陈玉章

渴望陈平年复年，何时高枕得安眠。
隐居难觅桃源地，举室辛勤学种田。

自评两首

现代·陈玉章

（一）

书法何曾计拙功，频挥秃笔太匆匆。
悬针垂露形无定，坠石奔牛势不同。
贻笑大方如画虎，自惭小技等雕虫。
涂鸦偏有人争索，昕夕结缘翰墨中。

（二）

吾书草草有何长，每日偏从闲里忙。
伸指耐劳还耐苦，挥毫如醉亦如狂。
指头长脱毛锥影，袖底犹余墨汁香。
自笑岂真能寿世，为人贯作嫁衣裳。

注：陈玉章（1874—1950），字琢如，号笑笑先生，大泗人。清光绪二十八年（1902）中举，官至吏部佥事，辛亥革命后弃官还乡，擅长赋诗作画。

回　乡

当代·谢宗和

六年未回乡，今朝大变样。
砖房兼楼阁，水电城市化。
鸡鸭羊成群，稻谷堆满仓。
事农又事工，温饱进小康。

今日歌

当代·谢宗和

今日复今日，今日何其少。
人若今不为，万事蹉跎了。
江水日月不尽流，百年今朝有几何？
我言惜取今日时，莫让年华虚度徒懊恼。

鸟惊夜梦

当代·谢宗和

布谷声声破夜空，惊醒儿时乡情梦。
黄金铺地烈日照，无有老少不低头。

秋登栖霞

当代·谢宗和

远上栖霞山极颠，白云浮游似登天。
俯瞰枫林秋光好，寥廓江天万里霜。

笔 恋

当代·谢宗和

问我何如恋笔翰，笑而不答心自坦。
退笔如山未足惜，自有陶染非等闲。

注：谢宗和（1924—2022），字中和，号不已，大泗镇二陈村人，中共党员，离休干部。南京市书法家协会会员、中国书法家协会会员、中国书画家协会会员，中国文化艺术发展促进会会员，中国国画院名誉院长、国际藏之书画院副院长，中国书法美术家艺术创作中心终身常务教授，作诗百首，亦擅长书法绘画。

游大马水生植物园

——四季

当代·钱正宝

春色盎然百花开，游人如织满阡陌。
春风最能惹人醉，何不共饮长亭外。

晴日寻芳泗水滨，疑是西湖六月天。
映日荷花分外美，唯少仙姬舞蹁跹。

一生不与百花争，百花谢后方为尊。
一花能敌百花艳，花中君子性自坚。

冰肌玉骨傲气在，昂首斗雪云天外。
虽无桃李群芳艳，却有缕缕暗香来。

注：钱正宝，1950年10月出生，大泗镇马龙村人。曾任教师、乡镇企业厂长。爱好文学创作，先后发表诗词、文史作品20多篇。

书画

翰墨流芳泗水镇，文采卓绝南国风。大泗域内的丹青妙手代不乏人。以陈玉章、谢宗和、纪松等人创作的书画作品为代表，深得泰州书画界同行们的青睐。他们的作品风格多样，意境深远，不仅展示了大泗人昂扬的精神面貌，同时也抒发了大泗人热爱美好生活的情怀。

陈玉章书法作品

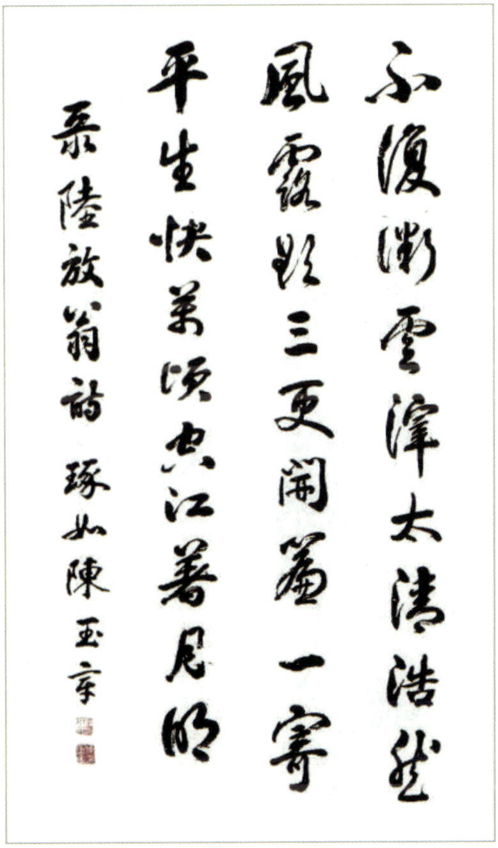

注：陈玉章（参见本篇诗词部分）

谢宗和书画作品

作品一

作品二

作品三

注：谢宗和（参见本篇诗词部分）

纪松书法作品

作品一

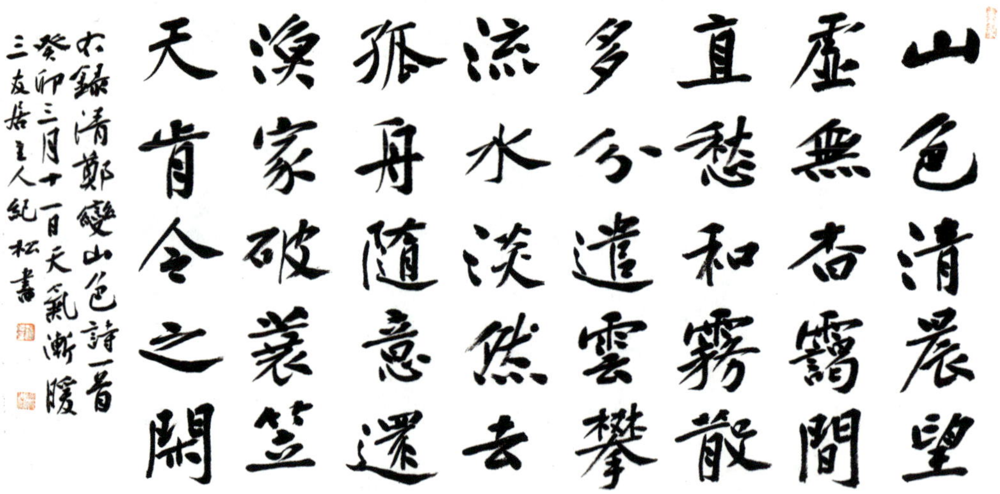

作品二

注：纪松，1975年5月出生，大泗镇霍堡村人。现为中国书法家协会会员，泰州学院艺术学院副教授、党总支副书记，代表作有《纪松书法作品集》。

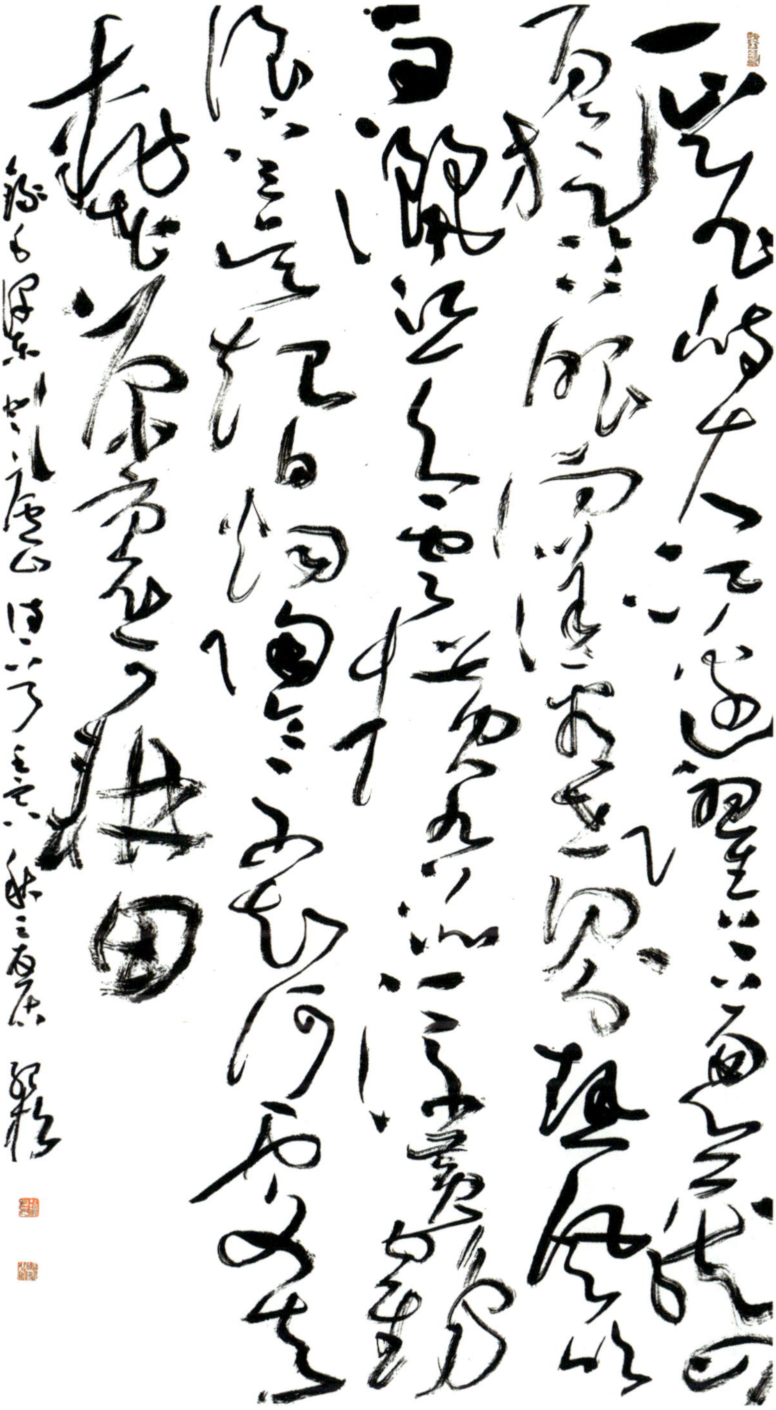

作品三

民歌民谣

域内民间流传有一些民歌民谣，传唱着一些劳动号子，是大泗人反映时代、振奋精神、抒发感情、消除疲劳的娱乐方式。多年来，大泗镇享有泰州南郊“号子之乡”的美称。

大马庄民谣

摇啊摇，摇到金龙桥。抬头向东望，到了大马庄，一片芦苇荡。遇到大雨天，田里好撑船，路上好栽秧。

年年发大水，十年就有九年荒。

（注：此民谣流传于中华人民共和国成立前。其时，大马庄地势低洼，高低不平，遇有涝灾，粮食歉收。）

换糖歌

梨膏糖梨膏糖，欢迎大家来品尝。

哪个吃了我的梨膏糖，全家幸福喜洋洋。如若哪位不相信，下面听我唱一唱：

小伢儿吃了我的梨膏糖，一觉睡到大天亮。

小伙子吃了我的梨膏糖，娶个媳妇真漂亮。

大姑娘吃了我的梨膏糖，选个称心如意郎。

老头儿吃了我的梨膏糖，马上能上景阳冈。

老奶奶吃了我的梨膏糖，返老还童变姑娘。

聋子吃了我的梨膏糖，立刻听到蚊子唱。

麻子吃了我的梨膏糖，满脸的麻塘儿一扫光。

癞头吃了我的梨膏糖，头上头发尺把长。

瘸子吃了我的梨膏糖，扔掉拐杖翻界墙。

瞎子吃了我的梨膏糖，看到东方出太阳。

劳动号子

打夯号子 此号子为农户建新房夯实基础时用，夯词为领号人触景生情现编，常用的夯词皆祝福语。

（注：每小段结束后，转至首号。）

领（首号）：| 32 11 | 32 53 | 2 22 | 1 6 |
夯儿 抛得 高 高 哎 号号 哟 号

合：| 32 11 | 26 5 | 56 i | 56 3 |
哟嗨 号号 哎嗨 哟 哎嗨 哟 哎嗨 哟

①领：恭喜东家 华堂生辉

合：| 56 i | 56 3 |
哎嗨 哟 哎嗨 哟

领：财源广进 百业兴旺

合：| 56 i | 56 3 |
哎嗨 哟 哎嗨 哟

②领：恭喜东家 万事如意

合：| 56 i | 56 3 |
哎嗨 哟 哎嗨 哟

领：寿比南山 福如东海

合：| 56 i | 56 3 |
哎嗨 哟 哎嗨 哟

③领：恭喜东家 人才辈出

合：| 56 i | 56 3 |
哎嗨 哟 哎嗨 哟

领：状元及第 节节高升

合：| 56 i | 56 3 |
哎嗨 哟 哎嗨 哟

挑担号子 挑担号子活跃在20世纪60—70年代集体化时期。其时，运肥下地，平田整地，都是肩挑。大家一起哼哼唱唱，非常热闹，既能陶冶情操，又能消除疲劳。

挑担号子每段为四句，1、3句为领号者号词，2、4句为呼应者号词，号词皆出自领号人。

碾场号子 从前，域内农户将收割的麦穗均匀地散撒在碾场中间，呈圆形，然后人牵牛鼻，牛拖着碾子在前头走，反复碾压麦穗，将麦粒脱下，这一做法俗称碾场，亦称滚场。此时，碾场人自娱自乐，边走边唱，故称碾场号子。如：

大麦上场小麦黄啊，
收脱耕种同时忙噢。
季节时令要双枪哎，
秋收才有粮进仓啊。
我的牛儿真听话啊，
举手鞭儿落不下噢。
不知圈走多少遍哎，
一驾行至日西斜啊。

再如：

民间文艺

大泗民间文艺种类繁多，每逢传统喜庆日子，木偶戏、打腰鼓、荡花船、唱花担等文艺表演，便会精彩上演。

木偶戏

木偶戏又称傀儡戏，由表演者双手操纵木偶，和着锣鼓音乐，边演边唱，是集唱、念、做、打于一身的民间表演艺术。演木偶戏时，根据操纵方法的不同，又分为杖头木偶、布袋木偶和提线木偶等。旧时，大泗的木偶班子多，能人多，其中杨营木偶戏剧团在大泗和周边地区颇有名气。

中华人民共和国成立后，域内的木偶戏剧团成员有的去了上海，有的去了扬州。大马村的钱时信成为上海木偶剧团副团长，1956年参加了全国文艺先进工作者会议，受到党和国家领导人的接见。

杨营木偶（2022年摄）

大泗镇腰鼓队在表演（2024年摄）

打腰鼓

旧时，腰鼓在大泗域内很流行，那时的基本节奏就是“咚吧，咚吧，咚咚吧，咚吧”。打鼓人边跑边打，有时前进，有时后退，有时走圆场。中华人民共和国成立后，经过人们的不断改进、创新，腰鼓的打法越来越多，越来越精彩。腰鼓队员随着不同的音乐节奏不断变换队形。两只带黄绸的小鼓棒上下翻腾，鼓响绸舒；鼓棒在身前身后、胯上胯下进出有序，变换自如。打腰鼓既令人赏心悦目，又令人豪情满怀。大泗腰鼓在泰州医药高新区（高港区）乡镇歌舞比赛中多次获奖。

荡花船

荡花船又名荡湖船。花船的结构简单，先用竹子扎成两个“半月”形框架，然后用六根约一米长的竹棍，将两个框架搭结固定，两端各一根，中间上下各两根，等距固定。此时船样就做成了。然后在船舱四角各竖着固立一根两米长的竹子，形成船篷，用红布或花布将船体包裹起来，花船就做成了。

表演时，一人扮作艄公，需头戴礼帽，身穿中式长褂，腰间系布带，将长褂前后下摆卷起揣入腰带中，装一副假胡子，手握竹竿。船舱内一人肩担花船，花船两侧各有四名歌女，手抓船帮，船艄一人男扮女装，头扎“花包头”，身穿中式花布衣，形似老妇，手握船桨，称之艄婆。艄公和艄婆互称老头儿、老奶奶。花船表演时，常用的曲调有“杨柳青”“四季如春”“夸夸调”等，歌词皆为适时编入。音乐过门落板，歌女们随即唱起来，此时，老头儿忙撑船，老奶奶忙掌舵。一段唱完后，“老两口”有问有答，说唱逗乐，趣味无穷。

唱花担

唱花担在域内流行已有100多年的历史。花担道具简单，一副花担一个人挑，一套锣鼓四个人敲。逢春节、上梁、结婚、寿诞到人家门口边挑花担边说唱。敲大锣的负责刹板领唱。一般是四句一段，最后一句由敲铴锣儿的、敲钹的、打鼓的人一齐重复合唱一遍。唱的内容是预先编好背熟的，称为七字段儿。唱花担的人可以根据不同对象、不同情况、不同场合现编现唱。有时遇有两副花担碰头，往往会打擂台斗唱、对唱、谁输谁赢就要看领唱人的水平。最后不管谁输谁赢，主家均发糖、烟、赏钱，做到皆大欢喜。

附：

花担儿唱词

拜　年

锣鼓一打格朝朝，老板家门楼儿砌得高。砌得好、砌得高，武官到此要下马，文

大泗镇挑花担表演（2023年摄）

官到此要下轿。

锣鼓一打格朝朝，老板家的花匾贴得好。贴得好，贴得高，斗大元宝朝家冒。

锣鼓一打格朝朝，老板家鸡窝夹得好。夹得好，夹得好，雄鸡嘴里吐金条，母鸡能生金元宝。

锣鼓一打格珠珠，夸一下老板家的白果树。白果树，吉祥树，起到东风落金银，起到西风落珍珠。

锣鼓一打格锵锵，我到老板家来沾光。老板一见着了忙，连忙出来放炮仗；炮竹声声震天响，惊动神仙到下方；天上飘下四个字，“四季平安”到府上。

锣鼓一敲响当当，手拎大锣有点儿慌，时间一长要走腔；要问腔字怎么写？空字旁边月字傍。

锣鼓一打格坚坚，尊声老板请听清；唱花担儿的不是穷大筋；家有良田千万亩，主要是出来散散心。

锣鼓一打格喳喳，老板是出名的企业家，赶快把封儿钱往上加；只要老板出手大，我愿意在你家唱一夜。

一至十唱段

一天的皇帝杨大郎（杨延平），悟空天上战二郎（神），三顾草庐刘、关、张，四郎（杨延辉）失落在番邦，武松打虎景阳冈，陆登尽忠保宋王，七星坛上诸葛亮，八仙过海腾巨浪，九华山下救亲娘，十面埋伏困霸王。

对唱（问答）

天上什么四方方？天上风筝四方方。

河里什么四方方？河里竹排四方方。

街上什么四方方？街上豆腐四方方。

眼前什么四方方？眼前妆台四方方。

天上什么圆又圆？天上太阳圆又圆。

河里什么圆又圆？河里月亮圆又圆。

街上什么圆又圆？街上烧饼圆又圆。

眼前什么圆又圆？眼前花镜圆又圆。

天上什么尖又尖？天上宝塔尖又尖。

河里什么尖又尖？河里菱角尖又尖。

街上什么尖又尖？街上粽子尖又尖。

眼前什么尖又尖？眼前玉簪尖又尖。

传统技艺

域内传统技艺多种多样，其中宰牛技艺、腌萝卜干技艺、中草药制作技艺、豆瓣酱制作技艺历史悠久，精湛绝伦。

屠宰牛羊技艺

大泗屠宰牛羊技艺手法独特，其中霍堡牛肉制作技艺是高港区非物质文化遗产项目。中华人民共和国成立前，大泗有“霍家堡、穷叮当，杀老牛、卖生姜”一说。这首民谣道出了大泗牛肉业上百年的渊源，其影响深远，闻名遐迩。

民国初年，域内开始有李恒发、李恒元、李恒江、李恒忠四兄弟放牛宰牛。中华人民共和国成立后至20世纪70年代，域内自养成风，全村五成的农户养牛。

20世纪70年代后期，因牛系大牲畜，为农村耕种主力，宰牛业渐止。改革开放后，霍堡村成立牛肉专业合作社，105户农户参加合作社，占全村总户数的1/6。他们除自家养牛外，还到安徽、河南、江西等地去买牛。

牛肉为四季常用绿色食品，特别是到了冬天，牛肉销售格外火爆，生意好的业主多时可销售70头牛，折成牛肉约7000千克。域内牛肉品牌较多，注册有“老字号牛肉”“霍堡牛肉”“泗水牛肉”等商标。牛肉的制作有特有的传统工艺流程，配料上有独特的秘方，讲求原汁原味，正宗有特色。

霍堡村人宰杀肉牛有9道工序：

第1道，选牛。选择健壮的来自山区乡村的牛。

第2道，杀牛。把牛鼻子拴入铁圈，一人手执柳叶刀，从牛颈穴位插入，瞬息之间，牛未吭声即倒地。

第3道，放血。点红刀从牛颈插入插出，10分钟后血即放尽。

第4道，剥皮。剥皮刀从前蹄下刀，20分钟左右，整张牛皮即完整快速地剥离。

第5道，卸肉。剖肚卸肉，分成大块。

霍堡村人制作牛肉食品(2023年摄)

第6道，净脂。用小钢刀剔除油脂。

第7道，清脏。将内脏剖出，清洗肠、胃等。

第8道，剔骨。将牛肉从骨上剔出，需1个多小时，要求动作干净、利落。

第9道，漂洗。牛肉浸入清水，漂洗4个小时左右。

蒸煮牛肉分5道工序：

第1道，入锅。将牛肉放入大铁锅上的甑内，一锅可蒸煮一头牛的肉(300—400斤)，一次放足清水，蒸煮过程中不再加水。

第2道，猛火烧开。以木柴为燃料，用猛火将水烧开烧滚。适时放入家传秘方草药。

第3道，小火慢炖。约4个小时，掌握火候十分重要。

第4道，起锅。烧好的牛肉，用筷子一戳便可透穿，熬好的牛肉汤呈乳白色，表面可见星星点点的油花。

第5道，冷却。夏日，牛肉还需要放入冷冻柜。

于氏中医技艺

清朝光绪年间，大泗曹于庄出了一位名中医于振山。其于光绪二年(1876)师从中医名家吴师机。出道后经营当地最大的一家中药铺，坐堂问诊，治病救人。于振山医术精湛，医德高尚，东至海安，南至泰兴，西至江都，北至泰州里下河，方圆百里，有口皆碑。

于振山的侄子于廉章，16岁跟随其

大泗镇于氏祖传碾药器具(2023年摄)

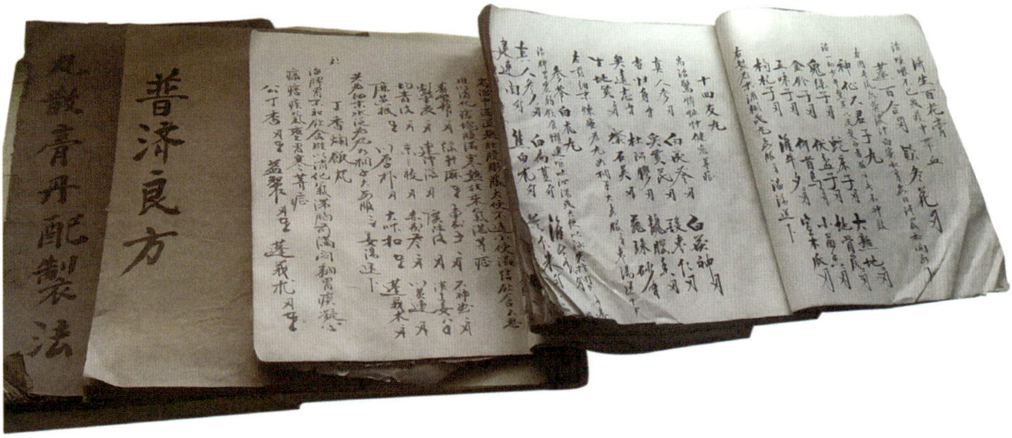

于氏中医祖传药方（2023年摄）

学医，20岁学成回家开办济生堂中药铺。于廉章医术高明，尤其擅长儿科、妇科。

于廉章的儿子于淦林，自幼跟随父亲苦学中医，8岁就能熟练背诵汤头歌，四五年时间便已打下扎实的中医理论基础。1966年高中毕业后，随父行医，几年后便能单独坐诊。他时刻遵循父亲教导，“医无术不行，术无德不久”“视病人如父母，医德乃立”，备受当地百姓赞誉。现其家中收藏祖传中医手抄秘方3本300多剂。

于淦林的儿子于荣斌，自幼耳濡目染，与百草结下不解之缘。他先后自学《内经》《伤寒》等中医经典著作。中专毕业后，他造福桑梓，担任前进村卫生服务站医生，一干就是数十载，用精湛的医术和热忱的服务，在乡村医生这个平凡的岗位上做出了不平凡的业绩。2008年，他被评为全国优秀乡村医生。

酱黄豆萝卜干制作技艺

中华人民共和国成立前，域内农民生活困苦，所以家家都做酱黄豆萝卜干。巧妇腌制的酱黄豆萝卜干咸鲜味美。

具体制作方法：将煮熟的黄豆晒至半干，然后用玉米糁拌匀，摊放到竹匾内，厚度以一寸为宜，在上面盖上一层玉米叶子；再用棉衣或棉被盖上，不让透气。一个星期以后，只要看到黄豆上长了一层厚厚的黄色绒团，酱豆黄就做成了。然后用适量的盐开水将酱豆黄浸泡在坛子里，同时放入预先阴干发瘪的胡萝卜、萝卜、洋山芋（菊花芋），以及生姜、桂皮、花椒、八角等。一个月后，一坛鲜美可口的酱腌萝卜干就可食用了。以后除了下雨刮风要盖盖子（防水防尘），其余时间都要放在外面日晒夜露，时间越长越鲜美。

豆瓣酱制作技艺

中华人民共和国成立前，大泗人陈炳忠从泰州学了一手制作豆瓣酱和酱油的好手艺，回大泗开了个小作坊，由于配方独特，生意越做越红火，就在泰州注册了“和合二仙”商标。20世纪50年代，实行公私合营，他的作坊并入大泗供销合作社，他任部门经理，分管豆瓣酱生产经营。

豆瓣酱的具体做法：先将黄豆煮熟，从锅中捞出后沥水，加小麦面拌成半固体状态，切成馒头大小的小块，放在专用密封房间的架子上发酵。约一星期后放到大缸里，用25%的盐凉开水浸泡成糊状。经日晒夜露两个月后，一缸豆瓣酱就做成了。

文物古迹

域内红色文化、宗教文化源远流长，遗址遗迹颇多。其中佴家庄战斗纪念碑、钱家祠堂、宝善坛、大马古井等仍保存完好。

佴家庄战斗纪念碑

1946年7月，为配合苏中“七战七捷”首战宣泰战斗，解放军在域内发起佴家庄战斗。此次战斗，解放军100多名战士牺牲。为纪念佴家庄战斗中壮烈牺牲的战士，1995年7月，当地政府在姜泗公路南侧建起佴家庄战斗纪念碑。纪念碑占地面积200多平方米，高8米，用砖头、砂浆建成，外贴白瓷砖。2010年6月21日，佴家庄战斗纪念碑被定为泰州市文物保护单位。纪念碑上写着“佴家庄战斗纪念碑”8个刚劲有力的大字，碑的背面镌刻着碑文：

民国三十五年七月，驻泰县华东高庄华中野战军第七纵队五十九团主攻佴家庄据点，第五十五团、五十七团打援。

佴家庄战斗纪念碑（2020年摄）

十三日夜十一时，担任主攻的一营，与还乡团遭遇，追击至佴家庄大桥，与守敌交火，一营以二、三两个连从西南向东北，一连从东向西先后发起攻击，激击一个多小时，占领佴家庄东南角的外围小据点及庄子一部分。敌军火力猛烈，一连伤亡惨重。十四日拂晓，张甸敌军一个营增援佴家庄，被五十五团击溃；塘湾敌军一个营再次增援，又被五十五团二营和五十七团二营击溃。由于据点内兵力增加，久攻未克。纵队指挥部决定十四日夜至十五日拂晓再次发起总攻。因敌情变化，主动撤出。

2019年7月，大泗镇政府在距原碑1千米处的大泗陵园内新建佴家庄战斗纪念碑。新纪念碑占地面积2亩，高9米。碑体用砖头、砂浆砌成，外贴大理石，四周有大理石栏杆。南北两侧从地面到纪念碑座有七级台阶，有黑底金字碑名，南侧底座有隶书碑文，四周苍松翠柏。该碑和旧纪念碑一东南一西北遥相呼应。

钱家祠堂

位于大泗镇马龙村6组东首，是方圆百里几支钱氏的宗祠。建于清光绪四年（1878）。钱家祠堂坐北朝南，九架两进，每进三间。朝南门楼高耸，两旁有石狮守门，屋脊东西两端各有兽头钢叉一尊。祠堂内，后进大厅供奉钱镠、钱点、钱瞻三尊先祖塑像。四时八节，钱氏子孙到像前祭祀。《钱氏家训》被工工整整书写装裱，高悬于家庙列祖列宗像前两侧。钱家祠堂建成40余年后，因年久失修，且屋宇无多，祭祀不便。1921年，钱氏族人钱宝嵩首倡修缮并带头捐资，其他族人踊跃捐资，未经年余，将旧祠修缮一新，并新砌一进九架三间大厅，祠堂上方横额有“忠孝子孙”四字。

大马庄古井

位于大泗镇大马村3组大道南侧。井口用一块石盘封盖，石盘中有一水桶粗的圆孔，称水口。2016年，据时龄85岁的于继文老人说，此井原为于木如家私井，位于其家后院。于木如是富家后代，民国时期大学生，曾任泰兴县县长。清光绪十年（1884），大泗地区遭旱灾，水塘干涸，大马庄东首的100多户农户用水困难，于木如的祖父独资在自家后院建水井一口，供当地百姓使用。1979年，古井经历一次清洗，人们发现井底架在一排横木之上，井壁用长24厘米、高12厘米、有榫眼的弧形砖砌成，井上狭下宽，形状如塔。1990年后，域内农村统一使用自来水，此井被原样封存。

宝善坛

位于大泗镇大泗社区小泗庄东南角，建于清道光元年（1821）。宝善坛大殿门朝正南方，左边傍水（两泰官河），

宝善坛（2024年摄）

普渡禅院（2024年摄）

右边为厢房，作为僧人寝室。宝善坛分前后两殿，大殿造型奇特，前后翘檐，顶脊呈龙状，中间竖立一座坛儿塔，又叫坛儿脊，用五只大小不一的陶瓷坛子制成，形似宝塔，展现古建筑特征。殿前设有广场，占地面积1000多平方米。为维持住持方丈的生活及庙中开支，小泗庄人民捐田地十多亩，称为庙田。1980年，小泗庄村民集资修缮宝善坛，并在坛前广场上中新建一座香坛阁。

普渡禅院

位于大泗镇二陈村，原名观音庵，建于明永乐七年（1409）。最初只是当地陈家岱村民为求平安而建造的一间小屋，屋内供有一尊观音像。后经历多次修缮。1990年重建，更名为普渡禅院。普渡禅院是大泗镇迄今为止保存最为完好的寺院，每年农历二月十九日、六月十九日、九月十九日都在普渡禅院处举行庙会活动。

第八篇　风土人情

大泗乡风醇正，民风淳朴。大泗民间有众多方言土语、歇后语、顺口溜，有的风趣幽默，有的富有哲理，有的含蓄隽永、意味深长，既与地域相连的周边乡镇有诸多相似之处，又有浓郁的大泗本土特色。大泗域内的岁时习俗、生活礼仪代代相传，表达了人们的情感诉求和价值定位。大泗的民间故事传说、庙会集场等经久不断，留下古老乡村的历史印记。

习俗礼仪

生活习俗

生育　害喜　女人怀孕称害喜。害喜的人身体上和饮食上都有明显的变化。最常见的是恶心、呕吐、头昏无力、喜欢吃酸以及想吃某种平时不常有的食物。怀孕的人从害喜起就要增加营养和忌嘴（有些东西不能吃）。另外，孕妇整个孕期穿衣、睡觉、走路、坐卧、干活、心情都有讲究，目的是保胎。

催生　在新生儿出生前两三个月的时候，由孕妇娘家的人负责催生。娘家的人催生要为新生儿预先做一套“洗三”的衣服和许多单尿布、棉尿布。日期要选择阴历的单日，最好是逢九。催生的人，路上遇到了熟人不要讲话，进入孕妇家中也不与任何人讲话，要直接进入孕妇房中将包裹撂在孕妇的床上再出来与人打招呼。

生养　旧时，域内孕妇没有查胎位、查预产期的条件，更谈不上到医院生养。孕妇肚子疼得厉害了，估计要生养了，就立即找农村的接生婆（一般是农村里年纪较大的、生过多胎的人）助产。产妇的房间称“暗房”，自生养之日起，“暗房”内生人不能进入。产妇生养后称“红人”，一个月之内不能串门，否则要给人家“挂红”放炮仗。

报喜　报喜送三个红蛋说明生的是女孩，送九个以上说明生的是男孩。生男孩通常还要报“大喜”。报大喜就是新生儿家将红蛋和米送到产妇娘家，由娘家将米煮成粥（稀饭，俗称毛米粥），连同红蛋送本族同宗家中，每户一碗粥、三个红蛋。收礼的人要给送礼人封钱，多少不论。凡收到毛米粥和红蛋的人家届时要随主家的“礼担”去新生儿家做“满月”。

洗三　新生儿出生第三天，接生婆要给孩子洗澡，穿新衣服（外婆家催生时送的），俗称“洗三”。因为新生儿刚出生时不穿衣服，是用布包，古称“襁褓”。孩子穿上新衣服后，族长、父母、亲朋好友、文人雅士就给他取个乳名，

“洗三”结束。

送月子　产妇自分娩后一个月之内称作坐月子，坐月子期间至亲好友都要送月子礼。旧时，送月子礼都是二斤肉、五斤馓子，但娘家例外，娘家月子礼要送三次，第一次是“三朝”（就是“洗三”这一天）送寒食菜（咸菜炒蚕豆瓣儿、猪腰子、猪肺之类），第二次、第三次通常送鸡、肉、饼子、脆饼等。如今，域内人们送月子礼大多是直接送钱，由主家自由支用。

满月　满月是新生儿出生后第一个最隆重的庆典活动。届时亲朋好友都要到场祝贺，娘家还要办礼担。庆贺宴少的一桌人，多的几桌人到几十桌人。这一天要请剃头匠给新生儿剃头，主家要给剃头匠封钱，留饭，发红蛋。有的人家将剃下的胎毛做成毛笔，称胎笔，留着纪念，意义深远。接下来，给新生儿挂长命锁，也称百岁锁。如今，长命锁基本是带生肖图案的99K的纯金锁，婴儿属相是什么就挂什么生肖图案的锁。主家向参加满月庆典的人发红蛋。

婚嫁　联姻　婚姻是男女一生中最大的事情。古代婚姻全凭“父母之命，媒妁之言”。在婚姻的选择上，当事人没有权力，全由父母包办。中华人民共和国成立后，实行婚姻自由、一夫一妻、男女平等的婚姻制度。域内在婚嫁习俗上不少仍沿袭古代的一套方法，多托媒人介绍，也有不少自由恋爱者。

纳聘　联姻时男方须纳聘礼以示订约，叫作订婚。订婚后男方逢端午、中秋、春节这三大节日须给岳父母送节礼。婚前，男方要请三次媒人。第一次叫“送喜讯”，告诉女方男方已选定吉期要准备结婚了；第二次叫“开盘子”，让女方开出彩礼的项目和数量，一般是开门封、厨师封等。第三次是经过双方讨价还价，双方达成协议，就准备结婚的大事了。

婚礼　婚前一天，男方宴请媒人，谓之待媒，并遍请亲朋好友作陪。婚礼当日，有拿嫁妆、索要开门封、发轿、上轿、接轿、拜堂、闹新房等若干程序，不仅礼仪隆重，而且热闹非凡。第二天，女方亲友到男方家点朝，让双方亲友互相认识，以便以后友好往来。第三天，新婚夫妇到女方家回门。新姑爷上门，女方自然是高亲贵戚相陪，但小两口在太阳下山前必须返回男方家。随着社会的发展，许多旧的婚嫁习俗已逐渐被新的婚庆礼仪所取代。比如，花轿绝迹，代之以轿车。

丧葬　旧时，域内丧俗耗时长，程序繁杂。解放后，移风易俗，丧事从简。长辈快要去世之时，家人守在一旁，为老人送终。母丧，长子至舅舅家跪告报丧；父丧，长子至族长家跪告报丧；后路途远的改为电话报丧。举丧之日，亲朋好友前往吊唁。次日，死者发丧火化，安葬于公墓。自死者死亡之日起，每七天必祭，谓之“烧七”，共七次，最后一次为“断七”。旧有服丧三年习俗，中华人民共和国成立后，丧事简化，不少人家把三年丧期紧缩到“六七”或“断七”结束。

岁时习俗

域内的传统节日主要有春节、元宵节、清明节、立夏、端午节、七月半、中秋节、重阳节、过冬、腊八、送灶、除夕等。其中春节、端午节、中秋节称“人节”，清明节、七月半、过冬称“鬼节”。人们为祈求吉祥，每个节日都有若干传统礼仪和习俗。

春节 这是一年中最隆重的节日。这一天，家家户户点烛焚香、燃放鞭炮、迎接天地神，男女老少全穿新衣，家人先互相拜年，然后出门挨户拜年，先拜长辈，说吉利话，如“恭喜发财”“身体健康”“万事如意”“心想事成”等。饮食是早上汤圆，中午饭，晚上面条，不吃荤菜，不扫地，不点灯。

元宵节 正月十五元宵节吃元宵（汤圆）是全国各地的共同习俗，域内也是如此，这种食物最早出现在宋代。域内元宵节，正月十三称“高灯”，正月十八称“落灯”，旧时民谚云：高灯圆儿落灯面，今年吃了望明年。晚上“舞毛花”（用旧扫帚点燃当火把舞）、放洋灯（孔明灯），燃鞭炮。

清明节 清明节在每年4月4日至6日之间。清明节前家家要将祖坟添土插柳，修葺一新，已出嫁的女儿要给新故老人上坟。清明节早上吃杨叶饼（杨柳树叶子和面烙的饼子），据说这天吃了杨叶饼，一年不生眼病。中午吃扁食（饺儿），烧纸敬亡人。也有人吃米饭。清明节这一天的中饭要早，域内流行“早烧清明晚烧冬，七月半的亡人等不到小日中”的说法。

元宵节汤圆（2023年摄）

立夏 每年公历5月5日至7日立夏。域内人“发明”了很多预防疰夏的方法：一、立夏当日不坐门槛，可免疰夏；二、“立夏立夏，妇女戴花”，这一天妇女头上发间要戴皂荚花（皂荚可用作肥皂洗衣服）、皂荚叶；男子可将皂荚花、皂荚叶挂在耳朵上或放在上衣口袋内，可免疰夏。

端午节 农历五月初五是端午节，家家门前、家中有放菖蒲、艾草的习俗。菖蒲有“蒲剑斩千邪”之说，艾草代表百福，此两物合力能驱除不祥，同时菖蒲、艾草的气味能净化空气，消除病毒。故端午节喝雄黄酒、吃“五红”（红烧黄鱼、红烧肉、虾、咸鸭蛋、苋菜）都与盛夏时生活中的环境卫生和饮食卫生有关。域内还有端午节前娘家为新出嫁的女儿送凉席、凉帽、凉鞋、扇子、夏衣等物的习俗，俗称“送夏”，至今仍流行。

七月半　七月十五俗称“七月半”，也称“中元节”。域内中午家家用鸡、鸭、鱼、肉作祭品，烧纸钱叩祭祖先，一直沿袭至今。

七月的最后一天，人们在十字路口、三岔路口、茅坑旁、河边烧纸钱祭祀所谓的孤魂野鬼，称作“斋孤”。

中秋节　域内人们过中秋节很讲究。这一天，全家人尽一切努力在一起喝团圆酒、吃团圆饭，在外地工作的人往往专程赶回来过中秋节，全家人在明月之下喝酒赏月，其乐融融。当月亮升空时，人们就将小桌搬到外面，上面放上月饼、糖饼、馒头、菱角、藕、柿子、石榴、红糖茶等，然后燃放鞭炮、焚香参拜敬月亮。

重阳节　农历九月初九，称为重九。因为《易经》中把六定为阴数，把九定为阳数，九月九日，日月都逢阳数，故为重阳。重阳节当日，人们有登高祈福、拜神祭祖、晒秋赏菊、饮宴祈寿、感恩敬老等习俗。重阳节还有“菊花节”“登高节”“茱萸节”等说法。

端午节包粽子（2024年摄）

中秋节拜月供品（2024年摄）

冬至　俗称过冬，即二十四节气中的冬至。冬至是北半球全年中白天最短、黑夜最长的一天。过了冬至，白天就会一天天变长。冬至日，域内家家祭祖、吃饺子。

腊八节　农历腊月初八，域内各寺院煮好腊八粥，当日凌晨施粥，届时各地善男信女自带碗筷，到居住地附近的寺

夕阳红（2018年摄）

院吃粥。高峰时刻，人头攒动，形成一道独特的风景线。

送灶　农历腊月二十三或二十四是送灶日，意思是送灶老爷（也称灶王爷、灶君、灶王、司命灶君等）上天去向玉皇大帝汇报工作。域内人们习惯于腊月二十三晚上在小碗内放些小麦、大麦、豆子和剪短的麦草或稻草供奉在灶老爷神像前，俗称“马草”，让灶老爷的马吃饱了第二天上天。另外家中有几口人，就要在灶台上倒放几副碗筷。如家中有新过门的媳妇，就特意在灶台上多放几副碗筷，以求人丁兴旺。腊月二十四早上煮汤圆、灶饭敬灶老爷，然后焚香叩头，燃放鞭炮，让他“上天言好事，下界保平安”。灶老爷上天后，要将灶老爷牌位上的神像揭下来，等灶老爷下界后再换一幅新神像贴上。灶老爷上天以后，人们从腊月二十五就开始室内室外扫地、掸尘，擦洗门窗、墙壁、家具等，以清洁的环境、崭新的面貌迎接新年。

除夕　农历的最后一天称除夕，也称三十夜、年三十。除夕是农历一年中最神圣、最忙碌的一天。除夕前要备齐年货，大人小孩都要购置一身新衣服，包括鞋袜帽子之类，还要剪（剃）头洗澡，俗称剪元宝头、洗元宝澡，民谚云：“有钱没钱，洗洗过年。”上午大扫除，贴春联（又叫对子）。家中的大小门框、门堂都要贴上用红纸写的春联，家中墙上贴顺遂条，也称报条，猪圈牛栏贴“六畜平安”。旧时，石磨上贴“开磨大吉”，家具床头贴“福”字和花扁，有的人故意将福字倒着贴，意为“福倒（到）”。屋檐

贴春联（2018年摄）

上遍插柏树枝和芝麻秆儿，意为“常青”和“节节高”。香案上供奉神像。晚上全家在一起喝守岁酒，吃团圆饭，看春节联欢晚会。长辈给晚辈发压岁钱。香案上摆供品，供品有枣儿、糕、苹果、桂圆、糖果、饼干、花生、洋钱、仿制的金元宝等。晚上入睡前，用竹制的小淘米箩儿装石灰在屋里屋外遍地打（印）“元宝囤子”，寓意元宝满地来年发大财。过了午夜十二时，爆竹声不绝于耳，家家争抢敬头香。

民间礼仪

大泗的民间礼仪五彩缤纷。民间交际、社会应酬、迎客待客都有颇为讲究的礼仪。

迎送客之礼　遇有宾客来访，主人应衣着齐整，大开中（屋）门，迎至门外。进门或上楼梯、电梯时，应客在前，主在后；若客人众多，应尊者在前、主人居后。客人下楼辞别时，应尊者居后，主人前导，将客人送至门外，握手或挥手而别。遇有女宾客，男方不可先伸手与之握手。

宴客之礼　宴请客人，应先将客人迎进客厅（正屋），待之以烟、茶。客人抽烟，应与之点火，茶不斟满。待筵席陈设好后，主人邀客人入席。酒席位置以坐北朝南的房屋中八仙桌为例，以朝南的东边为主客座位，主人坐于主客右侧，宾主齐全后，主人给客人斟酒，酒要斟满。然后，主人依次向客人敬酒，先敬长者和主宾，如有女士同席，则先女宾、后男宾。上菜也有讲究，应先上冷菜，后上热菜；上全鸡、全鸭、全鱼时，不能将头或尾朝向主客。席间进食时不要吧唧嘴，喝汤不要发出太大声响，从中体现出赴宴者的风度和修养。

庙会集场

明清时期，寺庙多，庙会相应地也多，大泗有十多座寺庙，历经数百年演变，至今仍保留有4处较为隆重的庙会。

大泗庄庙会　又称“观音庵庙会”。庙会日为农历三月初六，会期3天，会址设在大泗社区泗月里小区北大道，东起杨营大桥，西至皇盛大酒店门前，长800多米，设摊位400多个。赶庙会的约2000人，主销农副产品、家具、生资工具等。

陈家岱庙会　又称“普渡禅院庙会”。庙会日为农历二月十九日和六月

大泗庄庙会（2022年摄）

十九日，会期3天，会址设在二陈村庄中大道，东起普度禅院前广场，西至池汪河边，长500多米，设摊位200多个。赶庙会的有2000余人。

佴家庄庙会 又称"鹅湖寺庙会"。庙会日为农历二月十五日，会期1天，会址设在佴家庄。东起佴家庄老街，西至佴西大桥，长300米，设摊位100多个。赶庙会的有200多人。

大马庄庙会 又称"东头庙庙会"。庙会日为农历四月十七日，会期1天，会址设在双马河西岸大道，南起双马大桥，北至益飞大桥，长400多米，设摊位200多个。主要销售各式小吃美食、服装、农业生产工具、手工产品、花卉苗木等。赶庙会的通常有3000多人。

故事传说

大泗是一个具有千年历史的古镇，村庄密集，人烟稠密，积淀了深厚的文化底蕴。大泗民间流传着许多故事和传说，如金龙桥的传说、神奇的银角树、皇族后裔钱家垛等，引起人们追寻许多往事和人物的兴趣，也让不少外地游客驻足，流连忘返。

金龙桥的传说

大泗镇马龙村与白马镇陈家舍交界的生产河（古称鸭子河）上有一座桥叫作金龙桥，相传宋太祖赵匡胤与南唐交战时曾从此桥上经过，故名。据史料记载：后周显德三年（956），周世宗部将赵匡胤与南唐中主李璟亲弟齐王李景达以及南唐泰州守将陆孟俊在扬州、泰州一带激战，将南唐军追杀到江边，赵匡胤"破皮笠而诛惰军，鼓士气以挫强敌"指的就是这次战役。后来"陈桥兵变"赵匡胤黄袍加身，这座桥就更名为金龙桥。

彩凤桥的故事

彩凤桥是一座古石桥，位于大泗镇康乐村和野徐镇新联社区之间，何年由何人所建已无法考证，但彩凤桥的传说却很神奇。

彩凤桥的传说有两种。一说曾有皇后的凤辇从此石桥经过，故名彩凤桥；一说附近有一梧桐庄，庄上有一棵高十多丈的梧桐树，每天有百鸟栖息于枝头，早出晚归。其中有几只吉祥鸟——喜鹊筑巢于树冠，整天叽叽喳喳，清晨飞向蓝天时，五彩缤纷，当地人称它们为凤凰鸟，将庄头的桥称为彩凤桥。初建时为石头桥，桥长十多米，桥中央架设十多块石板，每块石板长4米、宽50厘米、厚30厘米，重约1吨。桥宽3米。此桥为南北走向，南通梧桐庄（今大泗镇康乐村），北通永丰村（今野徐镇新联社区）。桥南右侧竖一石碑，上刻"彩凤桥"三个大字。石碑长3米、宽50厘米、厚30厘米，重约800千克。石桥年久失修，20世纪60年代

康乐村古彩凤桥遗石（2020年摄）

时倒塌，桥身石板丢失，刻有桥名的石碑仍存。1998年，当地政府在彩凤桥遗址建起钢混结构的大桥，取名康乐北桥；在彩凤桥东延200米处建起两座桥，分别取名飞翼桥、彩凤桥。

至今，大泗镇的老人们仍然把康乐北桥称为彩凤桥。

皇族后裔住地钱家垛

据大泗镇钱氏家谱记载，大泗镇马龙村的小马庄、钱家垛、金龙庄三庄的钱氏始祖为钱镠（852—932），字具美，逝后谥武肃王。钱镠出身贫寒，早年从军，勇武过人，多谋善断，因军功提升。唐昭宗乾宁四年（897），赐金书铁券，“卿恕九死，子孙三死，或犯常刑，有司不得加责”（该券现存中国国家博物馆）。后陆续封南康王、彭城王、越王、吴王。天祐四年（907）为吴越王，正式立吴越国，生子38人。临终嘱：“以中原为正朔，遇明主乃归之。”死后，儿孙得袭爵。

钱氏十一世孙钱点，字伯乙，于宋建炎年间迁至镇江丹徒，为江北钱氏一世祖。明天顺元年（1457），钱氏十八世孙钱瞻（字文佐，号福广）迁至江北延令（泰兴）庵寺桥（今属胡庄镇）于家庄，为吴越钱氏京江分支金书堂始祖。清光绪四年（1878），金龙村里新建钱家祠堂

（俗称“钱家垛”）。1921年，钱家祠堂又新建大厅一进。20世纪60年代，金龙村建电灌站，钱家祠堂的两只石狮被抬去垫机塘。钱家祠堂先后办过学校，设立大队部、办公室、大队粮食仓库、合作医疗站等。1982年，拆除钱家祠堂，在原址建成金龙小学。金龙小学现已成为马龙村村部办公室。

疏财仗义钱如峻

大泗镇马龙村5组钱根平家中堂屋正中朝南悬挂一匾，上书“极嫡齐辉”4个大字，上首书“钱如峻先生暨德配陈夫人八秩序双庆”，下首落款为“民国二十五年八月榖旦泰兴县长李光宇题”。这是钱如峻和夫人陈氏同时过80岁生日时，时任泰兴县县长的李光宇题送的。

钱如峻，名宝嵩，字如峻，生于咸丰七年（1857）农历八月十五日，系吴越钱氏京江分支金书堂二十二世孙。幼读诗书，粗通文墨，冬九夏伏，兼习武艺。后因家境寒微，学业未续。钱如峻是家中长子，因为父母年迈，整个家业全由他一人操持。乡里多次修桥筑路，他都带头捐钱捐物。同庄有一孤儿，父母双亡，无依无靠，成家困难，钱如峻闻知后，主动济助，使其完婚。

钱如峻除终日勤劳操守家务外，每天坚持练习武功，从不间断。他的石锁功和爬杆轻功远近闻名。他对乡邻说：“我练武功，只为强身健体，决不欺强凌弱。众乡亲父老遇有为难之事，只管对我言讲，我上不能报效朝廷，只能保一方平安。”

1936年，国内兴起办学热潮，钱如峻带头捐巨资组织创办了大泗第一所小学——竹林村小学，并让他的侄子钱时贤辞去泰兴县崇义市教育会会长、新民乡第三小学校长等一切职务，回来担任竹林村小学的校长。另招了4名教师，共招收学生80多名，学生以钱姓子弟为主，另有少数大马、二陈、霍堡的学生，课本全部使用新教材。开学典礼那天，钱

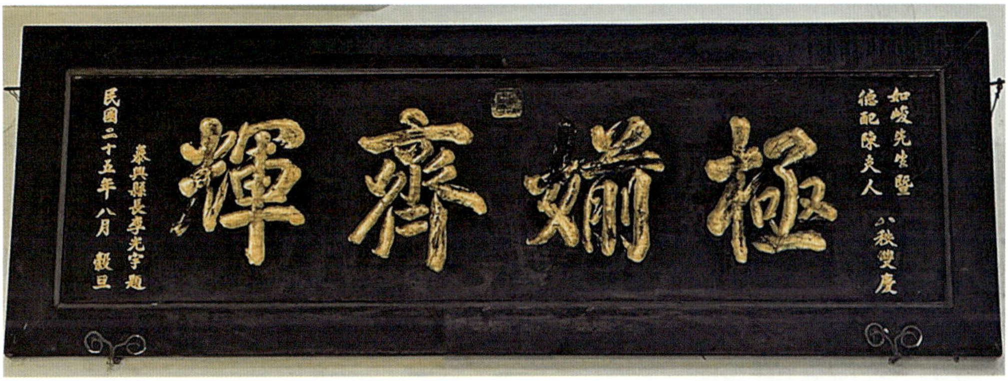

“极嫡齐辉”匾（2023年摄）

如峻到场祝贺。全校师生一致要求“宝嵩老儿”表演一套武功。当时钱如峻已近80岁高龄，但见他手拿红旗，倒爬旗杆，不到1分钟工夫就将校旗挂到了近10米高的旗杆顶上，全场欢声雷动。是年8月中秋节，钱如峻和夫人陈氏双双80大寿，泰兴县县长李光宇慕名专程从泰兴送来贺匾。匾上“极媊齐辉”4个大字，遒劲有力，金光灿烂，满屋生辉。

丞相后裔住地——陆家垛

据1935年编陆氏映月堂家谱载，陆氏祖先为南宋时左丞相陆秀夫。宋祥兴二年（1279），宋因兵败失利，危急之中，左丞相陆秀夫抱起小皇帝赵昺一起投海。殉国时同在战船上的夫人及长子陆锐也随同殉难。二子陆刚则混于乱军中，从崖山跋涉到姑苏（今江苏苏州）阊门。明建文三年（1401），陆刚后人陆奇避“靖难之役”，率全家渡江北上，辗转至泰兴城北北湖头（今根思乡）。作为陆姓泰兴一世祖的陆奇，在这里定居后，盖起3间草房，购耕地十余亩。他为人直爽，事母极孝，知识渊博，不图名利。清康熙年间，陆氏在此历经五代后，长子后人迁至泰兴城西门（今陆家湾处）；次子后人迁居海安；三子后人迁至姜堰大泗，大泗的十二世孙陆瑞祥回迁至陆家垛。刚迁入时，住户较少，村子也不大。至清乾隆年间，陆氏十五世孙陆大豪通过开荒种地，兼营商贸交易，成为当地富甲一方的大户。民谚说：“南到桥北到窑，中间住了个陆大豪。”自此，这里被人称为陆家垛。乾隆十年（1745），陆氏十八世孙陆如兰和其子陆承嵩皆从科举走上仕途，陆承嵩为清同治年间太学生，后做过从九品官。陆承嵩子陆富生因未考中秀才，便设塾教学，从陆家垛到佴庄，历时40年，为民间教育家。陆富生精心培育后代的同时，关爱家族事务，1919年、1935年陆氏两次编纂家谱，陆富生都为之作序。

抗日战争期间，陆家垛因地处偏僻，成为新四军游击队的大后方。新四军部队经常在此休整，北上大泗，西奔口岸，进行除奸歼敌斗争。这里的群众也是支前工作的生力军。据村中老人回忆，当年他们曾多次参加过支援泰兴独立团拔据点、运送伤病员等工作。

时至今日，陆家垛村已先后出了55名大学毕业生，他们走出校门后，都有出色的表现。其中的佼佼者现已成为大学教师、军级干部、国企领导等，他们正为实现伟大的中国梦而努力奋斗。

风水宝地梧桐庄

据传，很久以前，有一对蔡姓夫妇从外地流浪到江北，边走边望，发现了一棵十多丈高的梧桐树，冠盖如云，直插云天。树上筑有几十种鸟类的近百只鸟窝，其中有喜鹊。当地人公认喜鹊是一种吉祥鸟。梧桐树上的喜鹊整日叽叽喳喳、唧唧卿卿，成双成对，进进出出，极有灵气，似通人性。白天千鸟盘旋，晚上百鸟归巢。夫妻俩认为，这是一个好地方，便在树下定居，垦荒种地，日复一日，年复一年，生生不息，繁衍后代，子子孙孙口口相传梧桐树喜鹊鸟的传奇。这个地方就顺理成章得名梧桐庄，当地人方言又称之为横同庄。后来，又有吴姓到此居住，人口逐渐增多。1958年，大泗成立人民公社，梧桐庄更名为康乐大队，1983年改为康乐村。如今，康乐村蔡、吴二姓的人口仍占康乐村总人口的50%以上，不过现在附近村镇的人习惯称康乐村为横同庄。

神奇的银角树

杨营村于家庄有一株大白果树，当地人称其为银角树。这株银角树高30余米，六七人方能围抱，树冠覆盖近3亩地。关于这株大树的来历有两种说法。第一种说法是明太祖朱元璋在此地与张士诚交战，银杏树是朱元璋军师刘伯温作为行军标志（路标）所栽。第二种说法是刘伯温经过此地，发现这里是个龙地，有天子气，为了朱元璋江山永固，特地将这株白果树栽在龙头上，镇住它永远不得抬头。除了这些传说外，这株树确实有很多神奇之处。树的上空每天有近千只各种鸟盘旋飞舞，蔚为壮观。这些鸟大部分都在树上筑巢、栖息、繁衍。夏天，不管天气多么热，只要到了银角树下，即感觉到凉风习习，暑气顿消。还有更离奇的传说：某农户在田里耕作，中午回家吃午饭，将一把耙倚在银角树上，下午来到树下时，耙已被银角树包进去了，而且里面耙的轮廓还依稀可见。久而久之，当地人都认为这株树是神树，有灵性，能保一方平安。每年元宵节（正月十五），当地群众都到树下烧香拜佛，祈福消灾。

20世纪50—70年代，银角树香火旺盛。70年代末，于家庄大队因生产生活所需，将这棵银角树锯掉，运到扬州换了许多化肥和生活必需品。据说，锯树时16人用“龙锯”锯了1个多月才将这庞然大物放倒。书上的枝枝丫丫由附近的农民捡回去，共做了100多副粪桶和200多件诸如塌耙、磨盖、木掀、戽斗之类的小型农具。

大泗三桥的传说

20世纪50年代前，进出大泗街内，必过三座桥，这三座桥以方位取名，分别叫东桥、北桥和西桥。这三座桥形状不同，它们的来历各有传说。

东桥，曾叫东龙桥，为三孔石板桥，位于东沟上，桥南侧紧靠张家汪（一条河沟）。据说距东桥头约二丈处，左右各有一口井，被称为龙眼，两龙眼间向东是一条宽阔的大路，因地势有高有低，道路起伏，形状如龙身蠕动。道路两侧又对应岔出两条支道，视同龙爪。这条大路的整体形状像龙一样，东龙桥由此得名。还有传说，张家汪是龙用作洗澡的，汪里的水位通常四季一样。如发觉汪里的水少了，预兆将有旱灾来临；如发觉汪里水位高了，预兆将有水患发生。于是每年的二月半，大家都到东龙桥头烧香祈祷，希望有个太平年景。

北桥，俗称马家桥。此桥位于北沟，桥向为南北向。桥的两端是土坝埂，四五尺宽。桥下是一条一丈宽的水槽。水槽上搁置一块一尺宽的石坊，只能一人通行或独轮车单向行驶。传说朱元璋的军师刘伯领兵南下时，从扬州沿江北往东，每到一处安营后总要栽上一棵白果树（银杏树），旨在为安营地留下印记，作为今后军用标识，白果树属乔木且长寿，树干能高达十多丈。据说大泗街东南角的白果树就是刘伯温栽下的。明洪武中叶，朝廷派一姓马的巡使对过去安营栽树的地方进行巡视，了解民情，察看地况。马巡使遵命骑战马沿途逐个视察，当他行至大泗北桥时，突然战马止步不前了，巡使仔细一看，原来桥面是块很狭窄的独板，战马走不了。其时夕阳快要下山，他本想到大泗察看后，就在当地客栈住一晚，第二天一早继续赶路，没想到被这独板挡住。如绕道而行，又不熟悉路况，怎么办呢？巡使立刻下马，轻抚马头说："我的好马嘞，咱们在战场上刀剑都没怕，今天怎么被这丈把多宽的水槽难住呢？现在你只身给我勇敢地冲过去。"说完用脸庞碰了一下马头。这马真懂灵性，好像明白了主人的意思，它连嘶三声，以示听从。马巡使随后在马背上拍了三下，战马立即两前蹄腾空，尾巴翘起，一跃而过。巡使随后走过桥去，跨上马继续前行。此后，人们将这座马跨桥的谐音说成马家桥。

西桥，位于古街西首两泰官河上，曾取名八贤桥。俗话说："隔河千里远。"自两泰官河形成后，家住大泗西南一带的商贩和顾客都要绕道到大泗街赶集，觉得很不方便。于是出现赶集人渐渐变少的现象，对大泗集市带来影响。此时，街中的店户们有八家主动提出"奉献造桥"，每户捐资八十吊钱。桥体为木结构，桥桩八排，每排八柱，横梁八枕，纵梁八行，桥长十五丈八，桥板198块，桥宽一丈零八，桥高一丈八，动工日为八月初八，用时88天。大桥落成后举行通行仪式的时辰为早晨八点。在桥头摆放供品，掌烛上香，八名捐资人与工匠一齐跪地参拜，求桥神保佑通行平安。八贤桥历经600多年，经过多次维修保护，沿用至1972年时被拆建为水泥桥。早期立下的八贤桥功德碑因长期遭风吹、日晒、雨淋，已不在了，但祖先们义举奉献的精神依然在传颂。

繁荣的大泗古街

旧时，大泗集镇有大小店铺数十家，市场繁荣，有“小上海”之美誉。街中有两巷，分别是曹家巷、于家巷。曹家巷店铺多，于家巷只有两家茶馆和两家客栈。两巷相比，于家巷虽不大却非常热闹。热闹的原因很简单，巷子的南端是客船码头，是乘客来往的通道。传说清乾隆年间，两泰官河上就有客船通航，一日数班，其时客船称画舫，装扮华丽，如同花轿。画舫两侧是花格亮窗，乘客可向外眺看沿途风景，舱内分设普座和雅座，还有卖香茶、瓜子和薄荷糖的，有吃有喝。因乘船方便，喜欢坐船的人越来越多。客船码头最忙是二月二至五月五，正是风和日丽，鸟语花香之时，很多豪门富家坐船出外游玩寻欢。因此，画舫趟趟客满，不少乘客生怕错过时机，都是提前到码头等候，于家巷里的茶馆就成了他们的歇脚地。乘客来来去去，加上茶馆内有说书卖唱的，于家巷从早到晚都很热闹。

人以食为先，尤其是美食，谁都有欲望。旧时，大泗街上的吃食店有好几家，虽各有特色，但都属小吃店，迎合不了顾客的美食需求。清道光年间，大泗陈氏有一人，大名叫陈天聪，小名叫聪二。他掌握了一套淮扬菜肴的技法，在街西建起一座漂亮店房，开起了饭店，取名“天晓得”。天晓得饭店是大泗街中唯一的一座两层阁楼，坐南朝北，大门临街，楼后傍水。站在不远处两泰官河上的八贤桥上眺望，阁楼在水中的倒影好似天庭玉宫，美景令人心旷神怡。天晓得饭店阁楼上装饰别致，壁上轴画不一，整个阁楼设有四厅，即百福厅、千禧厅、万寿厅、亿财厅，生意十分红火。至今，大泗流传俗语：你又想到“天晓得”去了（你又想要上饭店了）。

节孝坊碑的来历

节孝坊碑位于大泗镇杨营村8组和9组交界处，建于清道光十三年（1833）。据杨营村杨氏家谱记载，节孝坊石碑的建立与一位杨氏李老孺人（1779—1841）有关。杨氏李老孺人是清乾隆年间泰兴县官员李兴章的三女儿。其十岁时，生母患上癫痫之疾，朝夕需人照顾，幼小的她承担起照顾母亲的责任。她侍奉母亲多年，直至母亲康复，在当地留下“孝女”的美称。19岁时，她嫁给杨官营（今大泗镇杨营村）杨映池（1780—1807）为妻。婚后，她知书达理，勤俭持家，言行深得乡邻赞赏。全家上贤下孝，夫妻十分恩爱。她育有两子，长子杨铭甫，次子杨藻甫。清嘉庆十二年（1807），丈夫杨映池患重疾而亡，时年28岁的她痛不欲生。随后十多年，她不辞辛苦，行孝道，服侍公婆，抚养两个孩子。她无微不至侍奉公婆，直至公婆年老归天。她认真培养两个孩子，直至孩子们成家立业。50多岁时，她还操持着四世同堂大家庭30多口人的整个家务，将一家人的生活管理得有条不紊。

清道光十三年（1833），杨氏族人为其立节孝坊碑，节孝坊碑用几十块江南大理石砌成，碑上刻有“节孝坊碑”字样。1957年年初，节孝坊碑被拆除。

节孝坊遗址（2023年摄）

方言土语

方言词汇

亮月儿（月亮）
霍闪（闪电）
喷毛雨儿（下小雨）
冻冻丁儿（冰柱儿）
化冻（解冻）
荒落头（荒地）
洼塘儿（小水沟）
先年（大前年）
胡椒（辣椒）
野菜（荠菜）
番瓜（南瓜）
老早（清早）
皇历头儿（历书）
垩粪（施肥）
机稻（碾米）
洋山芋（土豆、马铃薯）
俄萝卜（胡萝卜）
蒿瓜（茭白）
黄猫儿（黄鼠狼）
喜喜儿（蜘蛛）
河鳝（蚯蚓）
百脚（蜈蚣）
火星虫儿（萤火虫）
蝴叶蝶儿（蝴蝶）
长鱼（鳝鱼）
长马儿（小母猪）
单扭（小公猪）
斗猪（大公猪）
田鸡（青蛙）
檐头口（屋檐）
帐笆（篱笆）
梯马儿（梯子）
窗蒙（窗户）
被胆（被子）
被胆胎（被胎）
洋碱（肥皂）
洋火（火柴）
洋糖（白糖）
釜冠（锅盖）
勺儿（调羹）
箸筒（筷子筒）
娘舅（舅父）

舅妈（舅母）
乡的（乡下）
午槛（门槛）
面糊儿（浆糊）
畚斗儿（簸箕）
针管儿（顶针）
钢丝车儿（自行车）
女将（妻子）
大大（伯父）
伢伢（叔叔）
婶妈（叔母）
婆奶奶（外祖母）
婆老老（外祖父）
新妇（儿媳妇）
哪个（谁）
什的橐子（什么东西）
妹系（妹夫）
娘娘（姑妈）
我来（我们）
你来（你们）
他来（他们）
瓦家（我家）
乃家（你家）
肋实骨（肋骨）
膝头磨儿波罗盖儿（膝盖）
打去病（打喷嚏）
害喜（怀孕）
宕寡儿（谈天、聊天）
杠丧（吵架）
来气（生气）
高劲（高兴）
做格局（摆架子）
下田（去地里干活）
光脸（刮脸）
息咯子（歇歇）
脸模样儿（相貌）
颈刚（脖子）
酒塘儿（酒窝）
眼泣（眼泪）
鼻屎（鼻涕）
只头儿（指头）
正手（右手）
反手（左手）
搭搭儿（拖鞋）
套鞋（胶鞋）
走鞋（布鞋）
倒酒（斟酒）
干面（面粉）
变蛋、皮蛋（松花蛋）
麻油（芝麻油）
脂油（猪油）
透水（开水）
闷烫烟儿（温水）
寒咸菜（干咸菜）
快活煞咯（很快乐）
做想想儿（做梦）
槐杖（捣衣用的棒槌）
爬爬儿（小矮凳）
车盘儿（车轮）
穷嘴（啰唆）
篾片儿嘴（巧嘴、巧舌）
暗端户（富户）

洱(小口喝)
潽(溢出)
搛菜(用筷子夹菜)
细宝宝(小宝宝)
尝咯子(尝一尝)
把点儿(给一点儿)
什的(什么)
多早晚(什么时候)
耍子(玩)
说嘴卖瓢(说空话、假话)
草鸡毛(不正经,办事不负责)
郫(铡刀切削令物薄)
吓得活活的(意为害怕)
承饶(接收礼物后的谢语)
格正(正经、正规、整齐)
活穷(装穷)
学头(学的价值)
落头(地方)
活计(工作、活儿)
挨得死死的(安排的时间或空间过于紧凑)
盘树(爬树)
敞口搿怀(衣衫不整)
嫂(快)
晏(晚)
兜搭搭呱儿(闲聊,纠缠)
跑得奔奔的(又快又急)
输得光光的(赌博输尽了)
气得哼哼的(气急了)
忙得飞飞的(形容太忙)
急得吼吼的(慌忙着急)
活丧形(不体面)
巴掌大的地方(形容地方小)
没得命(表示吃惊)
活做梦(多此一举)
惹祸精(常犯错误的人)
乖乖隆的咚(不得了,了不起)
老子的老子(来头大,权势高)
妈妈的爹爹(非同小可)
滑的骨碌(很光滑)
戽臭水(背后说人的坏话)
眼睛头上(显眼的地方)
两场小麦一场打(前后两件事情一起办)
一只脚踩几只船(一个人兼做几家的活)
树叶子掉下来怕打头(形容胆小)
没胆(胆太大)
满瓶不动半瓶摇(装懂,不谦虚)
脚面上砌锅灶,一踢就翻(形容不稳)
一根筋(木头脑袋)
算盘珠儿(不拨不动,意谓呆板)
老丝瓜子头(老筋)
好起来是个人,丑起来是个鬼(时好时坏)
有事有人,无事无人(平时不注意处好人际关系)
病来如山倒,病去如抽丝(得病容易,恢复难)
一口吞个饼,一锹挖个井(急于求成)
平时不烧香,临死抱佛脚(晚了)
心有笆斗大(形容心太大)

笆斗大的字识不到一箩筐（形容识字太少）

扁担大的字不认识一个（文盲）

茶壶打掉落个嘴（只会说、不会做）

先锋头儿（事事抢出头）

广播筒子（什么话都到处公开说）

多管站长（多管闲事的人）

满田里拣瓜拣花眼（多得难挑选）

年怕中秋月怕半（形容时间过得快）

雨水浇梁头，代代出诸侯（建房上梁时的吉言）

嫁出门的女儿，泼出去的水（表示无法挽回）

宁做苦女儿，不做甜媳妇（女儿好做，媳妇难做）

养女儿算不到饭食钱（付出多回报少）

亲不过妻舅（亲戚中舅舅最亲）

娶了媳妇忘了娘（儿子成家后不与父母亲了）

十样女儿十样嫁（做法各不相同）

秤砣虽小压千斤（起关键作用的东西）

呆人自有呆人福，泥塑的菩萨坐瓦屋（全凭运气）

飞烙铁（手快）

面糊儿手（样样都拿）

歇后语

洗澡堂的灯笼——天天挂

穿钉鞋带拐杖——更稳

百岁老人打哈欠——一望无牙（涯）

巴掌心长毛——老手

白布掉染缸——洗不清

轮船运蚂蚁——渡（肚）量太小

一娘生九子——一个个不相同

裁缝比赛——真（针）本事

茶壶里煮饺儿——倒不出

帽子没边儿——顶好

芋头叶子上的水——留不住

茶壶打破了——只剩下嘴

吃了秤砣——铁了心

洞门口的老鼠——东张西望

出头的椽子——先烂

隔作门缝儿吹喇叭——名（鸣）声在外

大腿上绑铜锣——走到哪响到哪

肚子里撑船——内行（航）

儿媳的肚子——装孙子

飞机上跳伞——一落千丈

寡妇死儿子——没指望

老鼠拉木锨——大头子在后

老鼠洞的粮食——全是偷的

和尚头上伸筷子——沾沾光

和尚打伞——无法（发）无天

黄鼠狼看鸡——越看越稀

井底雕花——深刻

洋辣子掉火盆里——有命没得毛

空棺材出殡——目（木）中无人

孔夫子搬家——尽是输（书）

石灰店买眼药——走错门了

扯胡子过河——谦（牵）虚（须）过度（渡）

和尚念经——老一套

老鼠进书柜——咬文嚼字
两个哑巴碰头——没话说
梁山泊的军师——无（吴）用
飞机上挂灯笼——高明
四两棉花八把弓——细弹
王八的屁股——规（龟）定（腚）
和尚的房子——妙（庙）
一吊的一半——半吊子
半吊子的一半——二百五
两个瞎子聊天——瞎说
背门板上街——好大的牌子
背油桶救火——引火烧身
背小孩干活儿——添人不添劲
卖布不用尺——瞎扯
扁担挑木柴——心（薪）挂两头
刚上笼的馒头——面生
头发丝儿穿豆腐——没法提、不能提
麦秆儿挑水——担当不起
公鸡戴帽子——官（冠）上加官（冠）
狐狸吵架——一派胡（狐）言
黄连水洗头——苦恼（脑）
胶鞋渗水——纰（皮）漏
借一斗还六升——赖死（四）
上学不带书——忘本
医生开棺材店——死活都要钱
空手的娘家——无理（礼）
老虎打架——没人敢劝
蚂蚁尿书本——识（湿）字不多
菩萨身上长草——慌（荒）了神
茶壶没底——下流（漏）
排骨烧豆腐——有硬有软
上坟不带纸——惹祖宗生气
石灰店开张——白手起家
喷屎郎变“贾蝼”——一步登天
双色圆珠笔——有二心（芯）
外公死儿子——没救（舅）
外婆生儿子——有救（舅）
王七的兄弟——王八
屋檐下掉石头——严（檐）重
公鸡害嗓子——不能提（啼）
阎王爷开饭店——没得人上门
用了十代的钉耙——无耻（齿）
织布机上的梭子——两头蹿
心口上搁扁担——担心
心口上放马达——动心
心口上涂颜料——变心
懒木匠的锯子——不锉（错）

谚语

挨金似金，挨玉似玉
矮子里面选将军
爱叫的麻雀不长肉
暗室亏心，神目如电
百金买骏马，何处买青春
百样米养百样人
半路上杀出个程咬金
帮人帮到底，救人救个活
棒打出孝子，惯养忤逆儿
秕糠榨不出油来
不挨骂长不大
不管黑猫白猫，捉到老鼠就是好猫

不看家中宝，单看门前草

不能正己，焉能化人

不怕红脸关公，就怕抿嘴菩萨

不怕人老，只怕心老

不生孩子不知道腹酸肚子疼

不施万丈深潭计，怎得骊龙颔下珠

谗言误国，妒妇乱家

长江后浪催前浪，一辈新人赶旧人

成家之子，惜土如金；败家之子，挥金如土

成人不自在，自在不成人

吃得苦中苦，方为人上人

吃饭品滋味，听话听下音

吃酒不言公务事

穿衣戴帽，各有所好

春为花博士，酒是色媒人

大丈夫千金一诺，驷马难追

多个朋友多条路，少个对头少堵墙

狗不嫌家贫，人不嫌地薄

换汤不换药

冬练三九，夏练三伏

宁为玉碎，不为瓦全

棋错一着，满盘皆输

青山不老，绿水长流

身安抵万金

人过留名，雁过留声

顺口溜

冬吃萝卜夏吃姜，不劳医生开药方。

寒从脚上起，病从口中入。

白露身不露，着凉易泻吐。

饮酒不过量，饭菜不过食。

衣要看天穿，饭要按时吃。

小病不医，大病难治。

睡前泡泡脚，胜服催眠药。

早饭吃好，午饭吃饱，晚饭吃少。

冻冻晒晒身体强，捂捂盖盖脸皮黄。

朝食三块姜，如喝人参汤。

脑子要多用，手脚要多动。

三分吃药，七分调理。

站如松，坐似钟，卧如弓，行如风。

房宽地宽，不如心宽。

今年二十，明年十八；老有童心，一世年轻。

老来忙，寿命长。

笑一笑老年少，愁一愁白了头。

饭后百步走，活到九十九。

第九篇　红色印记

大泗，是一片浸润着先烈热血的革命老区。在抗击中外敌人、争取民族解放的烽火岁月里，大泗人民义无反顾、豪情满怀地聚集到党的旗帜下，不怕流血牺牲，为正义而战，谱写了许多可歌可泣、感天动地的时代壮歌，涌现出一批又一批仁人志士。

在社会主义建设的伟大征程中，大泗儿女或参军报国，或抢险救灾，不怕流血、负伤，不惜献出宝贵的生命，共和国的旗帜上有他们血染的风采。

他们是大泗人的骄傲，他们用青春和热血向世人展示出爱好和平、英勇奋斗、自强不息的民族精神。

佴家庄阻击战

1946年7月，新四军获悉盘踞在泰兴、宣堡的国民党军队将在四天之内分四路向如皋、海安大举进攻。泰兴、宣堡是抗日战争胜利后敌人才占领的地盘，民意不顺，工事较差，歼灭这股敌人的把握很大。当时新四军指挥部设在高家庄（现为姜堰区顾高镇）。指挥部命令华中野战军第7纵队1、6两个师围歼泰兴、宣堡的国民党整编83师19旅和63旅。第7纵队除第61团留守东台外，55、57、59三个团佯攻佴家庄，牵制佴家庄的敌人，阻击泰州姜堰方向的援敌，确保泰兴、宣堡战斗（宣泰战斗）的胜利。

7月10日，各参战部队到达指定地点待命。11日夜，佴家庄战斗打响了，59团1营担任主攻；1营2连、3连在佴家庄外围遭遇还乡团，很快在佴家庄桥南将还乡团击溃。然后2连、3连从西南往东北；1连从东往西向佴家庄发起攻击。激战1个多小时，占领佴家庄东南外围敌据点和村里一部分地方。7纵1、6两个师趁这个机会已悄悄运动到了泰兴、宣堡外围指定地点。12日拂晓，塘湾1个营的敌人援军在佴家庄西北的霍家堡被55团击溃。中午，塘湾又1个营的援军在佴家庄北沙港附近再次被55团2营、57团2营击溃。

为了摸清敌情，12日下午，侦察员化装成讨饭花子混进佴家庄，摸清了敌人的兵力部署和武器装备等情况后于5时返回。不料侦察员刚走，敌人1个机枪连途经佴家庄，因天色已晚，怕路上不安全，就在佴家庄住下了，这个致命的情况我方并不知晓。

12日晚，指挥部调整作战部署：59团1营从北边上，59团2营从南边上，55团2营从西边上，其余负责阻击和打援，晚上9时半发起总攻。时间一到，宣堡方向3声炮响，然后枪声大作。不料途经佴家庄的敌人1个机枪连也投入了战斗。他们用机枪向两个缺口扫射，新四军55团2营1个连的战士全部牺牲，新四军57团后援部队立即投入战斗，从四面八方轮番向佴家庄发起攻击。霎时，冲锋号声、冲啊杀啊的声音响成一片。敌人碉堡和暗堡的火力很猛，加上刚投入战斗的敌方1个机枪连的火力，战斗打得十分惨烈，双方伤亡较重。战斗至13日凌晨4点，参战部队接到指挥部命令：泰兴、宣堡的敌人已全部被歼，为减少不必要的伤亡，队伍立即撤出战斗。

佴家庄阻击战虽然牺牲了100多名战士，但拖住了佴家庄的敌人，赢得了苏中七战七捷的首场战斗（宣泰战斗）的胜利，全歼了泰兴、宣堡的敌人，激发了人民的斗志，为开辟苏中根据地打下了坚实的基础。

由于新四军打下了泰兴、宣堡，敌军在佴家庄已失去屏障，孤立无援。14日，佴家庄的敌人开始撤退。敌人撤退时，泰州、塘湾的援军从霍家堡、佴陈村拼命向佴家庄方向开炮壮胆。在那次炮击中，南野村沈井赞的婶娘不幸被炸身亡。当时化名为吉洛的姬鹏飞给死者家属写了一张字条，让他家找当地干部帮助解决4担（400斤）谷子作为安葬费用。

为了纪念这次战斗，中国人民革命军事博物馆里陈列着宣泰战斗的资料，其中“佴家庄”三个字用红笔画了圈。1995年7月，大泗乡党委、政府在佴家庄北建起佴家庄战斗纪念碑，让烈士的英勇业绩永远铭记在人民心中。

战斗英烈徐植传略

徐植，大泗镇杨营村人，1924年出生。年少时入私塾读书，成绩优秀，后求

涟水保卫战（徐植牺牲前拍摄）

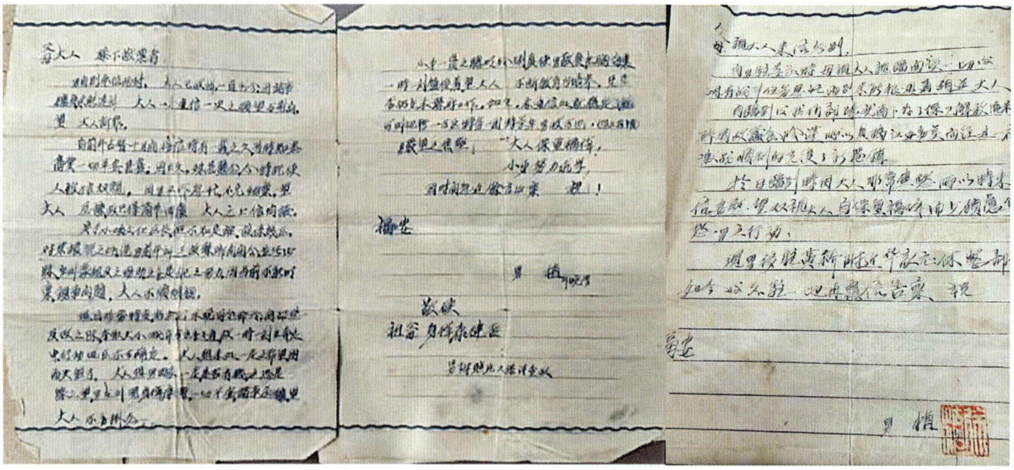

徐植亲笔信（2024年摄）

学于国民泰县县立大泗镇小学。他14岁小学毕业后，转入泰县私立时敏中学攻读。抗日战争全面爆发后，泰县沦陷，徐植转入小赵庄临时中学读书。

1940年，16岁的徐植投笔从戎，并鼓励同村18名青年参加抗日，加入新四军。入伍后，他作战勇敢，不久加入中国共产党，先后担任新四军连队的副班长、班长、文书、文化教员等职。1946年，国民党反动派发动内战，向我苏中苏北根据地大举进攻，时任华东野战军第10纵队87团直属队侦通连副政治指导员的徐植，主动申请上前线杀敌。上级批准了他的请求，并任命他为87团1营1连指导员。1946年10月22日清晨，徐植在涟水保卫战的激烈战斗中英勇牺牲。战斗结束后，徐植和其他牺牲战友的遗体被合葬于淮安东顺河附近的新四军烈士墓园。

1951年8月1日，徐植当年的战友杨秀民根据当年通讯员顾有才的口述，写就《徐植烈士传略》一文，发文悼念为中华人民共和国成立而牺牲的徐植同志。

出生入死的钱正掌

钱正掌，1922年出生于金龙庄（今大泗镇马龙村）一个贫苦农民家庭。他在家排行老四，早年上过几年私塾，1942年参加革命。1947年，钱正掌从事泗龙乡财经工作。为了支持全国解放战争，他整天东奔西走，为革命筹措钱粮，支援前线。当时，我方在泗龙乡地区的武装力量还处于薄弱阶段，钱正掌只有利用夜间到泗龙乡地区开展工作，白天正常在根据地宣堡地区活动。有一次，钱正掌在做群众工作时被敌人抓走了，经我方设法营救并缴了大量赎金后敌人才将他放回。保释后的钱正掌仍然担任泗龙乡财经工作，而且比以前工作更加积极。

反动派知道后，日夜想主意要除掉他。上级为了钱正掌的安全，特地为他配了一支小手枪。

1947年6月25日夜，钱正掌在泗龙乡大马庄开展工作，动员群众捐钱捐粮支援前线。塘湾据点的反动派自卫队得到情报，出动几十人去抓他。上级知道后立即通知钱正掌快速转移。钱正掌在十万火急的情况下，不顾个人安危，坚持要将工作安排好再走。等他准备撤退时，敌人已涌进屋里，钱正掌再次落入敌人手中。敌人将钱正掌关押在塘湾据点，对他严刑拷打，要他交出战友名单和钱粮下落。可他为了同志们的安全和革命财产不受损失，任敌人严刑拷打，始终不肯屈服。此时，泗龙乡的群众联名签字、盖章、按罗印（指纹）担保他，并凑齐五十担黄豆作为赎金。他的父亲钱时川更是将家中耕牛、农具、粮食都卖光了，几乎是倾家荡产凑赎金，可担保书和赎金交上去后钱正掌仍没有被放回。7月26日夜，大马庄有知情人偷偷地送了张条子到钱正掌家中，告知钱正掌已被反动派活埋，并提供了被活埋的大致地点。钱正掌家中得到噩耗，顾不上悲痛，第二天就找了家族中钱正汪媳妇、钱正香媳妇、龙宝妈妈、钱正光儿媳妇李秀芳四人，让她们头扎青布，手挎竹篮，扮作走亲戚回娘家的样子，骗过了塘湾据点的敌岗哨，分头寻找钱正掌被埋的地方。最后，终于访明钱正掌被埋在塘湾北边洑家桥东边一条干沟里。当天夜里，钱正掌本家钱正方、钱敦己、钱正襄、钱正汪在李秀芳的带领下，到洑家桥将钱正掌的尸体偷偷地扒运回来。人扒出来时，尸体已经腐烂，脚上没有鞋子，上身没有小褂儿，被埋现场惨不忍睹。塘湾的反动派自卫队发现钱正掌的尸体被运回后，当场就将钱正掌的父亲拉到一个叫三十亩垛的地方打死了。

钱正掌牺牲后，留下1个3岁、1个5岁的儿子和1个刚出生4个月的女儿。钱正掌的媳妇不敢回家，带着女儿躲在芦苇滩里，后经当地好心人帮忙，将她母女俩转藏到钱为稳家中，母女俩生活才稍微安定下来。解放后，烈士的遗孀和儿女都得到妥善安置，残害钱正掌的首恶被人民政府公审。

王加同为抗日捐躯

王加同，1918年生于泗龙乡三星村（今大泗镇大泗社区）。他有一定的文化，平日言谈举止文雅，很受人尊重。王加同是泰塘区游击队副队长、武工队副队长兼泗龙乡乡队长。他多次以做佛事为掩护，深入泰州城内探听日军的活动情况，出色地完成区委交办的各项任务。1944年4月4日下午，区委接到上级命令，要求当日夜晚，将日军从泰州城通往外围的电话线割断，切断敌人的通信。区委将这一任务交给王加同完成。受令后王加同带领王德海、陆虎等人，火速前往寺巷口潜伏于公路东侧。天色稍暗，他们迅速爬竿割线。不料就在完成任务准备撤离时，被出城巡逻的日军发现，日军对他们进行尾随包抄。当他们逃至陈家庄时被一条河挡住了去路，想渡河已来不及。日军举枪将王德海、陆虎当场打死，又将王加同打伤带回寺巷口，绑在断线的电线杆上杀死，并且残忍地将他的头颅割下来挂在杆子上。区委得知这一不幸的消息后，立刻组织武工队将王加同的尸体秘密取回，整容入棺，趁夜抄小路送其回家安葬。王加同牺牲时年仅26岁，他的女儿仅3岁，儿子刚满月。

程桂英勇保烈士遗孤

程桂英，1926年生，大泗镇曹于村人，贫苦农民。1948年2月6日，泰塘区公安特派员程泽被捕牺牲，敌人仍不甘心，扬言要对程泽家斩草除根。群众都关心着程泽14岁的儿子程炳开的安全。3月底的一天午后，程泽家邻居二奶奶正在榆树上扯叶子，发现一支国民党反动派军队已进庄抓人。她连忙跳下树来，奔向程泽家，一把抓住程炳开说：“乖乖，敌人来了，快点走！”程炳开出门上路，向南过了一座小木桥，就发现有人追来。他拐了个弯，到了程桂英家门前，那个敌人已经追到，大声吼道：“你是哪家的？再跑打死你！”程桂英闻声连忙出来，见程炳开惊慌地站在门口，又见那个家伙不是本庄人，就忙招呼说：“这个孩子不是这里的，是张甸我亲戚家的。”她又转向程炳开说：“鬼儿，吃饭时还关照你不要出去乱跑，再不听话，以后不要你来了。”那个敌人信以为真地离去。至此，程炳开脱离险境。

舍身保密英雄于宗珠

于宗珠，1921年生，大泗镇大马村人，牺牲于1949年。

1942年，于宗珠参加革命，同年加入中国共产党，曾任民主政府双马乡乡长、新四军苏北某支队支队长。于家在李庄（今北田庄）有个姓贾的亲戚，任国民党张家港、江阴一带驻军军官。1949年解放大军渡江战役前夕，贾姓军官回乡给父亲庆祝六十大寿，于宗珠获悉后便以祝寿为名带一名警卫员前往贾家，对贾某进行策反，以呼应大军过江解放全中国。孰料，于宗珠与贾某谈判失败，气急败坏的贾某当场翻脸，并掏出手枪拍在桌子上，意欲要赖绑人。

于宗珠翻身而起跃过桌子，拉起警卫员就撤，贾某持枪带卫兵紧追，并连连开枪。于宗珠带着警卫员边撤边返身回击，贾某带卫兵紧追不放。当时于宗珠随身带有机要文件，于是立即命令警卫员带文件先走，并让其把文件藏在他家中草堆里。战斗中，于宗珠不小心绊了一跤，连中贾某三枪。贾某看到于宗珠倒在血泊中，就返身扬长而去。

于宗珠最小的妹妹于桂珍闻讯，找了辆独轮车来救哥哥回家。身负重伤的于宗珠断断续续交代妹妹，让她回家后在家中草堆里找到机要文件，让她火速送到当时驻扎在宣堡的陈毅部队，刚交代完，于宗珠就牺牲了。

中华人民共和国成立后，贾某被送上人民的审判台并执行枪决。于宗珠被政府部门授予“革命烈士”光荣称号。

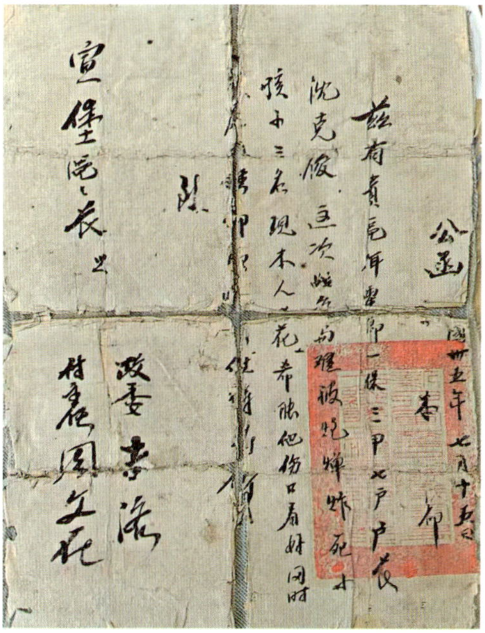
公函

宣堡区区长

政委 吉洛

吉洛签发的公函（2024年摄）

一份公函

1946年7月14日傍晚，有一支新四军队伍悄悄到了佴家庄南野村，他们到此是为了打击佴庄河北碉堡中的敌人。新四军战士停歇在距南野村南100多米的地方。此地为当地乡民的祖坟地，地势高，站在此处人们可看到佴庄河北敌人的碉堡。敌人机枪架在坟墓北端，枪口直对佴庄河大桥。半夜，敌人突然从碉堡里向南野村发射了两枚炮弹，其中一枚落在村民沈克俊家房间里，沈克俊和大女儿、二女儿都被炸死，妻子一只手臂被炸伤，小女儿幸亏睡在母亲怀里，无碍。新四军某连连长立即叫来卫生员，为伤者治疗包扎。军队领队人吉洛随即签发了一份致宣堡区区长的公函，要求宣堡区区长帮助沈克俊的妻子治伤，同时对沈克俊家由此带来的困难予以优待。

函下印章为长方形，长8厘米、宽6厘米，机构名称为：新四军第七纵队政治部。

事后，乡民们方知吉洛就是姬鹏飞。新四军情系人民，大泗一带的人民一直赞不绝口。

革命烈士

大泗镇是浸润着烈士鲜血的老区，先后有79位乡亲在抗日战争时期、解放战争时期、社会主义革命和建设时期，为了民族的解放和人民的利益献出宝贵的生命，长眠在祖国或异国他乡的大地上。

大泗镇烈士一览表

表8

姓　名	性别	出生年月	出生地	参加革命年月	牺牲时所在单位及职务	牺牲时间地点原因
周长其	男	1885	北港村	不详	曹河乡二村农抗主任	1946年塘湾因公牺牲
叶加书	男	1892	大马村	1943	华东野战军1纵1团1营3排战士	1947年盐城因战牺牲
程桂山	男	1892	前进村	不详	曹河乡农抗主任	1946年曹河乡被捕牺牲
谢圣荣	男	1892	二陈村	1943	泰县独立团机枪手	1947年泰兴虾儿港因战牺牲
徐连根	男	1898	杨营村	1946	大泗庄杨管乡联络员	1948年泰兴县大泗庄被捕牺牲
高书银	男	1902	曹于村	1942	泰县独立团副班长	1947年泰兴虾儿港因战牺牲
于　新	男	1904	大马村	1941	泰县岱白乡财经	1948年岱白乡被捕牺牲
李桂年	男	1905	曹于村	1944	泰县情报站联络员	1946年张甸杨家庄被捕牺牲
张奎山	男	1906	二陈村	1945	新四军第1师1旅2团战士	1945年泰兴因战牺牲
程海元	男	1906	曹于村	1942	泰塘区区队通讯员	194年泰兴吴风乡因战牺牲

续表

姓　名	性别	出生年月	出生地	参加革命年月	牺牲时所在单位及职务	牺牲时间地点原因
朱其政	男	1909	时庄村	1944	泰城区游击队队长	1947年泰城区因战牺牲
张维太	男	1909	二陈村	不详	泰城区二陈乡农抗主任	1948年二陈乡被捕牺牲
谢守银	男	1910	北港村	不详	岱白乡一村农抗主任	1948年塘湾被捕牺牲
陆正章	男	1911	时庄村	1941	泰塘区游击队队员	1946年大泗小庄因战牺牲
鞠松高	男	1912	二陈村	1943	志愿军某部战士	1951年朝鲜因战牺牲
程　泽	男	1915	曹于村	1940	泰塘区公安助理	1947年泰塘被捕牺牲
张春山	男	1917	佴庄村	1940	解放军某部班长	1947年泰兴黄桥战役因战牺牲
张春和	男	1917	佴庄村	1942	新四军第6师18旅54团骑兵连战士	1946年如皋杨花桥因战牺牲
李长明	男	1917	康乐村	1942	新四军某部通讯排排长	1946年盐城因战牺牲
王加同	男	1918	大泗社区	1943	泰塘区游击队队员	1945年寺巷因战牺牲
张布桂	男	1918	二陈村	1943	泰城区通讯站站长	1948年塘湾被捕牺牲
沈文镜	男	1918	佴庄村	1940	宣堡区佴霍乡乡长	1947年大泗佴家庄被捕牺牲
谢世彭	男	1918	北港村	1942	华东野战军1纵第2师4团战士	1948年兖州战役牺牲
于岳山	男	1919	前进村	1944	新四军1纵1旅2团战士	1946年涟水因战牺牲
李长高	男	1919	北港村	1946	塘湾区塘河乡乡长	1946年塘湾被捕牺牲
谢恒福	男	1919	二陈村	1942	泰城区组织科长	1946年马岱乡被捕牺牲
于宗其	男	1920	大马村	1946	华东野战军1纵第2师4团3营8连战士	1948年兖州战役牺牲
于跃光	男	1920	大马村	1940	新四军第1师1旅1团2营机枪连班长	1942年淮安因战牺牲
张春锅	男	1920	佴陈村	1942	泰县独立团战士	1948年泰兴因战牺牲
张根太	男	1920	二陈村	1942	新四军某部战士	1944年山东因战牺牲

续表

姓　名	性别	出生年月	出生地	参加革命年月	牺牲时所在单位及职务	牺牲时间地点原因
谢井湾	男	1920	二陈村	1943	泰县独立团战士	1947年泰兴虾儿港因战牺牲
谢庆友	男	1920	二陈村	不详	泰城区马岱乡游击队员	1946年马岱乡被捕牺牲
谢宽康	男	1920	二陈村	1945	大泗区游击队队员	1947年4月大泗因公牺牲
谢根章	男	1920	二陈村	1945	塘湾区游击队队员	1947年塘湾区因战牺牲
于宗珠	男	1921	大马村	1943	大泗区双马乡乡长	1948年大泗陈家岱因公牺牲
王忠山	男	1921	前进村	1941	新四军第1师1旅2团战士	1942年高邮因战牺牲
徐连星	男	1921	杨营村	1940	新四军第9团2营2连3排战士	1941年兴化县唐子镇因战牺牲
杨国寿	男	1922	北港村	不详	岱白乡民兵中队长	1947年10月塘湾被捕牺牲
钱正掌	男	1922	马龙村	1942	泗龙乡财经	1947年7月塘湾活埋
徐恒进	男	1923	杨营村	1946	华中野战军第1师3旅9团副排长	1947年失踪
于宗官	男	1923	大马村	1942	泰县独立团特务连战士	1946年盐城因战牺牲
于贵宽	男	1923	前进村	1944	苏中军分区特务团排长	1948年姜堰因战牺牲
卞广银	男	1923	北港村	1942	新四军第2团1营1连班长	1946年宿北因战牺牲
李义林	男	1923	北港村	不详	泰塘区岱白乡农抗主任	1947年岱白乡被捕牺牲
周兴其	男	1923	时庄村	1943	泰县独立团战士	1946年泰兴望家桥因战牺牲
阚安庆	男	1923	时庄村	1955	第3818部队战士	1957年5月因公牺牲
王德海	男	1924	大泗社区	1944	泰塘区游击队队员	1945年寺巷因战牺牲
沈文井	男	1924	佴庄村	1941	宣堡区游击连副排长	1947年泰兴虾儿港因战牺牲
陈启家	男	1924	马龙村	不详	支援前线民工	1949年渡江战役牺牲
钱宝春	男	1924	马龙村	1942	泰塘区双马乡指导员	1946年塘湾被捕牺牲
程永珠	男	1924	曹于村	1942	苏中军分区第8团3营7连2排副排长	1947年如皋因战牺牲

续表

姓　名	性别	出生年月	出生地	参加革命年月	牺牲时所在单位及职务	牺牲时间地点原因
程桂友	男	1924	曹于村	1943	解放军某部副排长	1949年上海因战牺牲
谢贵圣	男	1924	北港村	1944	泰塘区游击队员	1948年9月塘湾牺牲
徐　植	男	1924	杨营村	1940	华东野战军11纵第32旅94团政治指导员	1946年涟水因战牺牲
李如南	男	1925	前进村	1940	新四军第1师1旅2团机枪手	1941年姜堰因战牺牲
李茂生	男	1925	大马村	1942	华东野战军7纵第55团1营班长	1946年盐城因战牺牲
胡维生	男	1925	康乐村	1946	塘湾区泗龙乡税务员	1948年3月大泗被捕牺牲
倪玉章	男	1925	大马村	1941	新四军第6师18旅53团1营3连2排战士	1945年盐城伍佑因战牺牲
程祥福	男	1925	曹于村	1946	曹于乡武装委员	1948年白马因战牺牲
谢贵山	男	1925	北港村	1942	解放军某部战士	1948年济南因战牺牲
张华山	男	1925	杨营村	1948	第23军67师200团3营9连战士	1949年武进县魏村因战牺牲
纪质元	男	1926	霍堡村	1946	泰兴县宣堡区队战士	1948年泰兴刘园因战牺牲
李庆德	男	1926	康乐村	1943	塘湾区游击连班长	1945年寺巷因战牺牲
李康山	男	1926	曹于村	1941	苏中军分区第2营5连2排战士	1947年泰县因战牺牲
陈子香	男	1926	大马村	1941	华东野战军7纵第55团1营班长	1945年邵伯因战牺牲
张布云	男	1927	二陈村	1946	大泗区区公所通讯员	1947年泰兴因战牺牲
李士林	男	1927	时庄村	1955	第3605部队8分队战士	1956年山东石马因公牺牲
钱正树	男	1927	大马村	1944	华东野战军6纵第18师侦察员	1947年孟良崮战役牺牲
王禧才	男	1927	杨营村	1951	志愿军第24军70师炮团7连战士	1953年朝鲜因战牺牲
李康和	男	1928	曹于村	1946	华东野战军1纵第2师4团3营9连战士	1948年兖州战役牺牲
阚西江	男	1928	时庄村	1943	新四军某部战士	1945年泰兴城因战牺牲

续表

姓　名	性别	出生年月	出生地	参加革命年月	牺牲时所在单位及职务	牺牲时间地点原因
于跃勋	男	1929	大马村	1945	华东野战军1纵某部战士	1948年兖州战役牺牲
朱其高	男	1929	时庄村	1944	泰城区游击队队长	1946年泰兴宣堡区因战牺牲
于跃昌	男	1930	大马村	1946	华东野战军1纵第2师4团3营8连战士	1948年兖州战役牺牲
谢正余	男	1930	北港村	1946	泰塘区游击连战士	1947年泰塘区因战牺牲
纪泉永	男	1931	霍堡村	1947	志愿军第20军59师3营8连班长	1953年朝鲜因战牺牲
张仁根	男	1931	时庄村	1947	泰塘区游击队队员	1948年泰塘区因战牺牲
倪林寿	男	1944	大马村	1965	第52835部队后勤处助理员	1976年唐山因公牺牲
张春旭	男	1949	马龙村	1970	空军第368部队战士	1974年吉林因公牺牲

第十篇　大泗人物

大泗物华天宝，人杰地灵。中华人民共和国成立前，许多大泗人志存高远，坚毅勇敢，为民族独立、人民解放而抗争，留下可圈可点的动人故事。中华人民共和国成立后，新时代的文明乡风滋养着一代又一代大泗人。他们不忘初心，牢记使命，肩负责任，脚踏实地，有的为世界和平、为保家卫国走出国门、鞠躬尽瘁；有的为祖国社会主义建设事业艰苦奋斗、不懈探索；有的为家乡发展、乡村振兴废寝忘食，敬业奉献。平凡中孕育伟大，质朴中呈现善良。淳朴、厚道、智慧的大泗人民正以先进模范为标杆，同心同德，描绘更加壮美的时代新画卷。

人物传略

杨昇（1350—1416） 其屯田和生活的地方今属大泗镇杨营村。明洪武初年任指挥同知官，因驻守镇江有功，世袭百户。洪武十四年（1381），杨昇亲率八营千百户统领马步军丁，屯田镇守泰兴城北四十五里源林大沟杨官营（今杨营村）。子孙世袭并加校尉卫衔。杨昇为大泗镇杨营村杨姓始祖。

杨光宇（1582—1640） 其出生地今属大泗镇杨营村。明万历年间任淮安守备，后封定国将军，三品官。年少时诵读诗书，颇能通晓文义，并精习武艺。弱冠时骑射精绝，臂力过人。任淮安守备时，适逢盗贼打家劫舍，他率兵剿灭，因功升迁，封定国将军。崇祯八年（1635），杨光宇率兵追剿流寇，阵前重伤，殁前诵读唐朝杜甫诗句“出师未捷身先死，长使英雄泪满襟”。杨氏族人闻之哀悼不已，于清嘉庆二十一年（1816）编写其迹录入家谱，时有常州府靖江县教谕张大明撰文《光宇公传》，并载入杨氏家谱。

沈如森（1690—1728） 字向蕃，其出生地今属大泗镇侢家庄。清代康熙年间通过考试被授予迪功郎，三品官。

沈述亭（1758—1814） 字彭高，号烟波，其出生地今属大泗镇侢家庄。清乾隆四十六年（1781），中进士被授知县。为官清廉。

陈惟治（1776—1848） 其出生地今属大泗镇大泗社区。清嘉庆元年（1796）捐款修陈氏祠堂。清道光二十三年（1843），陈惟治主修陈氏家谱。陈惟治家教有方，其子陈介寿知书达理，清道光年间考中进士，任守御所千总衔。陈惟治被封为武德佐骑尉（正五品）头衔，其妻史氏册封为宜人，并赠诰命册书，锡龙杖、徽章、纶巾等。

沈长泰（1786—1876） 其出生地今属大泗镇侢家庄。出身世代富商家庭。清嘉庆十六年（1811），沈长泰继承家业，其经营有方，积累了万贯家财。沈长泰德高望重，乐善好施，扶助乡里孤寡病残，出资办私塾，广收乡民儿童上学，让他们免费接受教育，当地人称其为“活菩萨”。沈长泰的慈善名声传遍周边乡镇，时有延令县令登门赐匾额“覃恩粟帛”。沈长泰常出资帮助灾区乡民和守卫边关将士。沈长泰晚年时开办作坊店铺达40多家，占据佴家庄600米商业街半边天。时人云：佴家庄，商业街，沈长泰，半条街。

陈介寿（1799—1873）　其出生地今属大泗镇大泗社区，清朝道光年间太学生，候选守御所千总，正六品。陈介寿一生行善，为官清廉。咸丰六年（1856），大泗一带发生蝗虫灾害，他捐款捐粮赈灾。同治元年（1862），泰州一带发洪水，他捐金500两，并购耕牛几十头，送给大泗、许庄一带贫困农民。他出榜文救灾民时写道：“乡里贫者告者，赠之粟；葬无他者，予之地。概视以为常。田房租户，有则取之，无则听之，其鳏寡孤独别无生计者，益豁免之。”陈介寿的子孙也很有成就，长子陈瑞藻为太学生，次子陈瑞麟为太学生（选用卫守备），三子陈瑞云为太学生（浙江试用府同知）。其十个孙子均为太学生，多为清末官员，执政为民，公正清廉。

沈瀣（1822—1888）　字溥泉，其出生地今属大泗镇佴庄村。清道光年间国学生，咸丰年间加卫千总衔。

于澄涧（1844—1909）　字清泉，号冠群，其出生地今属大泗镇大马村。清同治年间九品官。其济世助民，常施以粮食、银钱，深受大马一带乡民赞许。

于深涧（1847—1916）　字石泉，号渭川，其出生地今属大泗镇大马村。少年时熟读诗书，善作诗文。清光绪年间国学生，被封为九品官，大泗民间称其为“一支笔”。清光绪十六年（1890），他主修于氏家谱，并留下十多篇诗文在民间流传。大泗镇曹于庄的于氏家谱收录了于深涧的五首诗词。

沈荣泉（1867—？）　字华卿，其出生地今属大泗佴家庄。年少时，聪明好学，习得武艺。青年时，文武全才，行走江湖，行侠仗义，帮助贫民，大泗一带民间称他为“浪侠”。20岁时，从军驻守福建沿海边防炮台，勇打犯境的倭寇与海盗，屡立战功，得到清光绪帝嘉奖，官升守备，封为五品官。

沈成渭（1872—1921）　字子璜，其出生地今属大泗镇佴庄村。年少时，聪明好学，擅长吟诗作对。曾任职于泰州官府，先后为沈氏、唐氏等多家家谱作序。至今仍有十多篇作品留存民间。

陈玉章（1874—1950）　字琢如，号笑笑先生，其出生地今属大泗镇大泗社区。清光绪二十八年（1902）中举，官至吏部佥事。辛亥革命后弃官还乡。擅长赋诗作画，为人正直，乐于助人，受人尊敬。抗日战争时期，赋诗抒情，唤醒民众踊跃抗日。

于万松（1875—1920）　字茂林，其出生地今属大泗镇大马村。清光绪二十六年（1900），大泗乡延寿庵以及几户民房失火毁尽，他带头捐款捐物，组织乡民重建延寿庵和民房。宣统元年（1909），于万松捐款捐地，主持建造于氏家祠三进殿房。清末，任大泗乡董。民国初期，任泰县五区议员。他常资助大泗饥民、灾民，深受大泗一带乡民拥戴。

程泽（1915—1947）　其出生地今属大泗镇曹于村，中共党员。1940年，参加革命。1941年，加入中国共产党。历任张甸区通讯站站长、泰县姜堰区公安局办事员、塘湾区组织科科长、泰塘区公安助理兼武工队队长等职。1947年12月29日，国民党泰县保安队下乡扫荡，程泽带领区武工队在野徐大野塘阻击敌人。因敌众我寡，程泽在撤退时牺牲，敌人残暴地割下他的头颅，他牺牲时年仅32岁。

于文喜（1918—2008）　其出生地今属大泗镇前进村，中共党员，副师级干部。1938年8月，参加新四军。历经抗日战争、解放战争、抗美援朝战争，参加过20多次战役，历任部队班长、排长、连长、中队长、师部运输处处长、师部副参谋长等职。在抗美援朝战争中，他带领全营战士坚守88307高地七昼夜，身负枪伤多处。他先后荣立战功十多次。20世纪60年代，以军代表身份担任南京长江大桥建设指挥部副总指挥。1981年1月，离职休养。

于廉章（1918—2018）　其出生地今属大泗镇前进村。出身大泗民间中医世家，采药、制药、诊断、治疗，行医80多年，擅长诊治妇幼科疾病，治好不少疑难杂症。对贫困者就医免医资。晚年，他将家传药方毫无保留地传授给他人和国家卫生部门，在大泗一带留下“于氏诊所百善堂”的好名声。

於耀光（1920—1944）　其出生地今属大泗镇大泗村。1940年，参加革命，任新四军第1师1旅1团2营机枪连班长。1944年，於耀光在淮安车桥战斗中英勇牺牲。战后新四军有关部门颁发烈士证书。

陆继谦（1923—1985）　其出生地今属大泗镇佴陈村，离休干部。1944年，参加革命，同年加入中国共产党，从事地下党工作。1956年，任农村高级合作社社长。1962年起，任内蒙古乌达煤矿党支部书记，其间安排多位家乡青年到乌达煤矿工作，深受煤矿职工和大泗佴陈村人民拥戴。

钱宝春（1925—1948）　其出生地今属大泗镇马龙村。1942年，参加革命工作。1945年，加入中国共产党。在郭村一次游击战斗中，钱宝春举着握枪的右手指挥队员们冲锋时，不幸右臂中弹，从此“钱独膀”成了他的代号。1948年3月10日，在一次战斗中不幸被捕。3月13日，在塘湾英勇就义。

钱正树（1927—1947）　其出生地今属大泗镇大马村。1944年，参加革命。曾任华东野战军第6纵队18师侦察员。1947年5月，参加孟良崮战役，壮烈牺牲。

钱时信（1930—2018） 大泗镇大马村人，中共党员，国家一级演员。1954年，进入上海红星木偶京剧团任演员，擅长表演旦角。1956年，被评为全国文化先进工作者，并出席全国群英会，受到党和国家领导人接见。曾任上海红星木偶京剧团团长、上海木偶剧团副团长、上海木偶剧团艺术指导、中国戏剧家协会理事、上海戏剧家协会常务理事、中国木偶皮影艺术学会常务理事、上海木偶皮影艺术学会会长、上海文联委员，上海第七届人大代表，上海第七、八、九届政协委员。

于世海（1975—2009） 大泗镇大马村人，中共党员，解放军某军校教员，七级文职人员（副团职干部）。毕业于江苏理工学院固体力学专业硕士研究生班。2001年4月，参军，任职于中国人民解放军理工大学。2009年，由于劳累过度殉职。部队有关部门追记二等功。

人物简介

陆继鹏 1941年出生，大泗镇侢陈村人。1961年，毕业于江苏省晓庄师范学校，先后任南京市下关区教师、下关区教育局副局长、下关区人民政府督学。2001年退休后，创办南京民办天河实验学校，解决残疾儿童、智障儿童上学难题。他坚持做公益活动，多次受到有关部门表彰。

陆继马 1942年出生，大泗镇侢陈村人，中国人民解放军少将，中共党员。1959年，应征入伍。1964年，加入中国共产党。历任解放军总参谋部干事、总参军训部政治协理、党委秘书、总参军训部编研室主任（副军级）等职务。

徐世良 1942年出生，大泗镇杨营村人，中共党员。1965年，毕业于南京大学物理系声学专业。先后担任南京大学教务长、秘书长、副校长（正厅级）、博士生导师、江苏省高校教育管理研究会副会长等职务，享受国务院政府特殊津贴。曾出版《数学物理方法自学指导书》《高等学校青年教师必读》等多部著作。

徐龙盛 1943年出生，大泗镇杨营村人。1967年，毕业于大连海运学院。先后在上海江南造船厂任工程师、高级工程师、中国船舶工业研究员，多次出国讲学。

陆克宏 1946年出生，大泗镇杨营村人，中共党员。1969年，毕业于北京石油学院。1970年起，就职于中国胜利油田。先后两次获二等功，历任工程师、高级工程师、胜利油田总工程师、工程指挥部计划处处长等职务。

徐同新 1954年出生，大学毕业，大泗镇杨营村人，中共党员。1973年12月入伍，曾荣立一等功、二等功各1次。1979年3月，被南京军区授予“雷锋式好干部”称号。先后担任中共阜宁县委副书记、党委机关支部副书记、中共江苏省委党校研究生处副处长、党委书记（正处级）、省委党校办公室副主任等职，曾发表论文多篇。

钱元庆 1954年出生，大泗镇马龙村人，中共党员。1972年参军，从事无线电报务专业。1978年，钱元庆带领两名报务员参加80411全军报务专业大比赛，荣获团体冠军。他本人在单项一万组收发比赛中，创下36000组零差错纪录，排名第一，荣立三等功。1991年，转业至泰州渔网厂工作，担任厂长、党支部书记。

谢家宾　1956年8月出生，大泗镇二陈村人，中共党员。1973年12月入伍，1977年入党，历任第二炮兵某部科长、中队长、参谋长、总工程师，某基地后勤部副部长，某旅旅长，第二炮兵某基地副总工程师、副司令员，少将军衔。先后在第二炮兵指挥学院、第二炮兵工程学院、南京陆军指挥学院、国防大学进修学习。多次参加组织实弹发射和军事演习任务，参加过多种型号导弹定型发射试验。发表军事学术论文20余篇，多次获军事学术论文奖。荣立二等功1次、三等功3次。

钱宏山　1958年6月出生，大泗镇大马村人。1977年入伍。在对越自卫反击战中荣获三等功。退伍后，任大泗邮电支局局长，曾获江苏省劳动模范称号。

谢兴凤　1959年10月出生，大泗镇二陈村人，中共党员。1978年3月入伍。1983年11月入党。历任战士、技师、连长、参谋、营长、旅参谋长、副旅长，第二炮兵某导弹旅旅长，第二炮兵某基地装备部部长、某基地总工程师、某基地参谋长、副司令员，火箭军装备部副部长，少将军衔，中共十七大代表。先后在第二炮兵指挥学院、白俄罗斯军事指挥学院、国防大学进修学习。荣立二等功3次，三等功4次。

徐世峰　1960年出生，大泗镇杨营村人。1980年，毕业于北京化工大学。1984年，参加工作。先后任中国化学工业出版社编辑、中国科技出版公司副总经理等职务。现任北京群英时代文化传媒有限公司董事长兼总编。

周卫兵　1960年出生。大泗镇杨营村人。2001年，任泰州市卫生局常务副局长，2012年退休。现为泰州市医药协会会长。

卞文甫　1962年9月出生，大泗镇霍堡村人。曾任财政部驻广西专员办党组书记、监察专员。

钱元德　1962年11月出生，大泗镇马龙村人，江苏测绘工程遥感航测分院院长、党委书记。2015—2022年，连续入选 Elsevier中国高被引学者榜单。

鞠少卿　1963年6月出生，大泗镇北港村人，主任医师（二级）、博士研究生导师。曾任南通大学公共卫生学院院长、南通大学附属医院医学检验科主任、南通大学附属医院检验医学研究所所长、江苏省医学领军人才、江苏省“十四五”医学重点学科带头人、美国Rochester大学访问学者。全国临床免疫学会委员、江苏省医师协会检验医师分会候任会长、南通市医院协会医院临床检验管理专业委员会主任委员、教育部医学技术类教学指导委员会委员、江苏省研究生医学类教学指导委员会委员。主编《临床生化检验学》，主要从事肿瘤标志物的基础和临床应用研究，主持国家自然科学基金面上项目5项，获国家发明专利授权4项。

陈锁明　1966年1月出生，大泗镇大泗社区人，博士，中共党员。历任北京师范大学教育管理学院教育处处长、教育管理学院副院长、校长培训学院副院长、教育学部培训学院院长、教育部小学校长培训中心副主任、邓小平城乡发展学院院长等职。现在教育部基础教育质量监测中心、北京师范大学中国基础教育质量监测协同创新中心工作，兼任教育部校长国培专家库专家、中国教育学会小学教育专业委员会常务副理事长。

谢卫东　1966年11月出生，大泗镇二陈村人，中共党员。2015年，任高港区工商联执委。现任江苏大邦清洗有限公司董事长、党支部书记。积极参与公益事业，慷慨感恩回馈，为大泗镇、胡庄镇等地经济、社会建设发挥了作用。2018年10月，被泰州市委宣传部评为“最美泰州人”——诚信之星。

徐绍宏　1968年5月出生，大泗镇杨营村人，博士学位，三级教授。现任教于中国化工大学，任中国地暖协会会长。

程祥圣　1968年11月出生，大泗镇前进村人，自然资源部东海生态中心（原国家海洋局东海环境监测中心）党委书记。1992年8月，参加工作。2009年5月，加入中国共产党。曾任国家海洋局东海环境监测中心副主任、南通中心站党委书记、国家海洋局东海分局海域和海岛管理处处长、国家海洋局东海预报中心常务副主任、国家海洋局东海环境监测中心党委书记。2005年12月，为技术带头人。2014年3月，为正高级工程师（三级）。2023年5月，为正高级工程师（二级）。曾获评2021年自然资源部东海局优秀党务工作者、2021年自然资源部优秀党务工作者、2012年国家海洋局优秀党员。

张至栋　1971年3月出生，大泗镇佴庄村人，1993年7月，毕业于东南大学。1993年8月至1996年6月，就职于南京电子技术研究所，任电讯总体工程师。1996年6月至1999年7月，就职于南瑞集团技术贸易分公司，任事业部经理。1999年7月至2004年3月，就职于南京成瑞科技有限责任公司，任副总经理。2004年3月至2014年1月，任江苏标能管理咨询有限公司执行董事兼总经理。2014年1月至2015年5月，任能拓能源股份有限公司执行董事兼总经理。2015年6月至今，任能拓能源股份有限公司董事长兼总裁。

罗新妹　1974年5月出生，大泗镇大马村人。作为大泗镇大马村的一名普通妇女，十几年如一日，坚持伺候公公曹士成，深受街坊邻居的赞扬。2014年入选“江苏好青年”。

张寅生　1974年9月出生，大泗镇佴庄村人。1996年7月，毕业于国防科技大学。1996年9月，赴某基地参加工作。1994年，加入中国共产党。2000年5月，调入总装备部航天装备总体研究发展中心，先后任总工、副主任等职务。2017年6月转业，进入航天东方红卫星有限公司任总工。其先后获军队科技进步一等奖1项、二等奖2项、三等奖4项，荣立军队个人三等功1次。

纪松　1975年5月出生，大泗镇霍堡村人。8岁起随其祖父学习书法。曾就读于南京师范大学美术学院国画专业本科，南京艺术学院书法专业（研究生）。现为中国书法家协会会员，泰州学院艺术学院副教授、党总支副书记。作为当代书法名人，纪松汲取文化沉淀，继承古贤风格。其作品结构简省、笔画连绵，不拘章法，笔势流畅，多次入全国大展并获奖。有《纪松书法作品集》。

钱志勇　1976年1月出生，大泗镇马龙村人，博士学位、二级教授，四川大学华西医药生物技术协会纳米生物技术分会主任委员。获得四川省青年科技康德生命化学研究奖学者奖。

陶金　1979年11月出生，大泗镇马龙村人，医学博士，教授，苏州大学博士生导师，东吴学者，国家自然科学基金优秀青年基金获得者。2002年，毕业于南京医科大学临床医学系。2007年，由新加坡国立大学与南京医科大学联合培养，获医学博士学位。2005—2007年，为新加坡国立大学国家神经科学研究所助理研究员。2007—2009年，为美国华盛顿大学医学院疼痛研究中心博士后。2009年6月，作为人才引进回国。现为苏州大学特聘教授、苏州大学离子通道病研究中心主任，兼任苏州大学基础医学与生物科学学院副院长，生理学与神经生物学系主任。担任民盟苏州市委副主委、苏州市政协常委、民盟苏州大学委员会主委。是《神经系统疾病》副主编、《高等药理学》编委。曾获授权国家发明专利5项、江苏省科学技术三等奖1项。

沈杏培　1980年出生，大泗镇佴庄村人，中共党员。2011年6月，获南京师范大学文学博士学位。后任南京师范大学教授、博士生导师。2021年1月，任南京师范大学文学院副院长。

于锦　1985年10月出生，大泗镇大泗社区人，著名散打运动员，号称“中原神腿”。2007—2008年，分别在第九届世锦赛和第四届世界杯散打比赛中夺冠。是泰州建地级市以来唯一的双料世界冠军。

人物表

大泗镇参战和立功人员情况一览表

表9

序号	姓名	出生年月	参战事迹	家庭住址
1	于耀全	1963.3	1984年7月至1985年7月参加老山八里河东山的对越自卫还击战，荣立班集体一等功、个人三等功	大泗社区
2	戴桂猛	1958.12	1979年2月参加对越自卫还击战，参加进攻封土县城等战斗，荣获营嘉奖一次	大泗社区
3	冯发生	1961.8	1979年3月参加对越自卫还击战，参加沙巴战斗。荣立集体二等功，个人获连嘉奖一次	大泗社区
4	王有红	1960.6	1979年参加核导弹部队，个人荣获连嘉奖一次、营嘉奖一次	大泗社区
5	周金宏	1963.3	1984年7月参加老山八里河东山对越自卫还击战	时庄村
6	钱灯宏	1959.11	1979年3月参加对越自卫还击战老山战役，担任机枪手，荣立班集体三等功	马龙村
7	纪桂德	1959.12	1979年3月参加对越自卫还击战老山战役，荣立连集体二等功	霍堡村
8	程令江	1965.6	1983年7月参加老山八里河东山的对越自卫还击战，火线入党	大马村
9	钱为义	1964.10	1984年7月参加老山八里河东山的对越自卫还击战	大马村
10	于士祥	1963.4	1984年7月至1985年7月参加老山八里河东山的对越自卫还击战，荣立班集体三等功	大马村
11	李红月	1964.11	1984年至1985年参加老山八里河东山的对越自卫还击战，荣立班集体三等功	曹于村
12	杨宝书	1962.8	1984年7月至1985年7月参加老山八里河东山的对越自卫还击战，荣立班集体三等功	佴陈村
13	张凡国	1958.10	1979年2月参加对越自卫还击战，火线入党，荣获个人嘉奖一次	佴庄村
14	杨承志	1963.5	1984年8月参加对越自卫还击战老山战役，荣立连集体三等功	佴庄村
15	骆龙明	1963.4	1984年7月至1985年7月参加老山八里河东山的对越自卫还击战，火线入党，荣立个人三等功	佴陈村
16	徐正家	1955.1	1979年2月参加对越自卫还击战，在广西防城东兴参加战斗，荣立集体三等功	杨营村
17	钱宏山	1958.6	1984年至1985年参加老山地区对越攻防作战，作战中荣立三等功，因负伤评定八级战残，回地方参加工作后，获评江苏省劳动模范	大马村

名人履痕

唐顺之率军抗倭寇

唐顺之（1507—1560），字应德，号荆川，明代抗倭名将，著名散文家，其祖籍野徐（今野徐镇唐家社区）。据清光绪二十年（1894）野徐唐家唐氏家谱记载，唐顺之年少时，因倭寇在沿江作乱，随父迁居兰陵（今常州）武进。明嘉靖八年（1529），唐顺之会试第一，中进士，后补入翰林编修。他曾经向宋朝杨家将后人杨松学习枪法，并自撰兵书《武经》。嘉靖三十七年，因倭寇窜入江淮作乱，唐顺之主动请缨率兵剿寇。嘉靖帝钦点他为右佥都御史，代理凤阳巡抚。他引军驻扎江淮，在南通、泰州沿海一带与倭寇作战，多次击败倭寇。他不分昼夜布防、筹饷、赈灾，奔波于江淮海滨。在泰州时，他曾率军在大泗域内两泰官河抗击倭寇。

陈毅联合张公任抗日

陈毅（1901—1972），四川乐至人，中华人民共和国十大元帅之一，伟大的无产阶级革命家、军事家、外交家。抗日战争时期曾任新四军江南指挥部总指挥。张公任（1905—1940），泰兴人，爱国抗日将领，曾任苏鲁皖边区游击总指挥部第3纵队司令。1939—1940年，张公任率部队驻防大泗、孔桥、宣堡等地，司令部设在大泗。张公任虽为国民党高官，但对共产党的抗日方针政策却很支持，他坚持的原则是“不问党不党，只问抗（日）不抗”“工农商学兵，一起来救亡”。1940年，应张公任之邀，陈毅赴大泗与之会晤，张公任派他的卫士凌伯扬、丁成忠到江都吴桥护卫。在大泗，陈毅和张公任两人一见如故，谈笑风生，通宵达旦，共商抗日救国大计。之后，新四军东进时，张公任将宣堡、孔桥的驻军撤往大泗，让新四军通过。黄桥决战时，张公任又支持武器弹药，提供医疗、后勤等保障。陈毅联合张公任抗日一时传为佳话。

姬鹏飞率兵进佴家庄

姬鹏飞（1910—2000），原名姬宏邠，曾用名吉洛，山西临猗人。他是久经考验的、忠诚的共产主义战士，无产阶级革命家，中国外交战线的杰出领导人，第五届全国人民代表大会常务委员会副委员长，国务院原副总理，中共中央原顾问委员会常务委员。1946年7月14日，姬鹏飞化名吉洛，带领新四军第7纵队在今大泗镇佴家庄，指挥过多次战斗，并留下一封亲笔公函，为苏中七战七捷、淮海战役、渡江战役、攻占杭州等作出了突出贡献。

赵莹梧桐庄宣传抗日

赵莹（1912—1947），白马镇岱白村人，中共党员，历任中共塘湾区委宣传委员，塘湾、大伦区组织委员，泰县县委组织干事，塘湾区委副书记、书记等职。1938—1943年，赵莹多次联络大泗梧桐庄（今康乐村）塾师蔡国基等人，宣传抗日救国的道理。不久，抗日烽火在大泗地域愈烧愈旺。1947年7月，赵莹率智华春、谢桂盛到黄桥河西一槽坊收税，被曹于乡（今曹于村）自卫队包围，突围时壮烈牺牲。

编后记

修史编志利桑梓，几番青史留世间。《大泗镇志》在大泗镇党委、政府和《大泗镇志》编纂委员会的领导和关怀下，在有关各方的大力支持下，业已脱稿。

2022年，江苏省、泰州市、泰州医药高新区（高港区）先后出台了镇村志编纂文化工程文件，部署镇村志编修工作。其中，泰州市在2008年启动的首批泰州市名镇名村志编修告罄基础上提出“镇（街道）志编纂工作全覆盖”目标。在此背景下，大泗镇于2023年4月正式启动《大泗镇志》编纂工作，采用名镇志编纂体例。是月，镇党委、政府决定组建《大泗镇志》编纂委员会，成立《大泗镇志》编纂部，配备十多名编写人员，确立办公地点，拨给一定经费，并明确1名镇级干部具体负责编志相关事宜，全镇每个村、社区均安排资料采集人员1—2名，共20多人，所有这些为编纂工作奠定了良好的基础。

由于编纂部的人员都是第一次参加编志工作，都是新兵，他们怀着强烈的事业心和责任感边学边干，边干边学，先后学习了《泰州市志》《泰州市高港区志》《泰县志》等地方志有关书籍，逐步掌握编纂社会主义新方志的基本理论知识，开阔了修志眼界，拓宽了修志思路。他们还参阅有关兄弟镇街已出版名镇（街道）志和部分专业志书，从中学习志书的体例、篇目设置、编纂内容及方法；多次参加泰州医药高新区（高港区）党史方志办公室举办的编写人员培训班和志书研讨会，从中学到很多有益的东西。编写全程得到泰州医药高新区（高港区）党史方志办公室邵釜明、卢峰、查云富等同志的悉心指导和帮助。在实践中编纂人员的业务水平逐步提高。

编纂部建立后，立即结合实际，着手制定《大泗镇志》纲目和向全镇各基层单位征集资料的详细提纲，并发至全镇各科局、处室、村、社区、站所等基层单位，全面进行资料收集工作。至2023年6月，大泗镇党政办公室、档案室和镇各科局、处室、站所共提供了100多份文稿、300多张图片，以及80多万字的文史资料和相关材料。另外，编纂人员积极走访各村、社区，向知情者征集资料；多次召开座谈会，请求在大泗镇工作过的老同志及知情人提供书面及口述资料。资料收集过程中，得到了泰州医药高新区（高港区）党史方志办公室等有关部门单位的大力支持。

在征集资料工作初步完成的基础上，2023年7月开始编写工作。编写组采取“边收集、边编写、边修改”的方法推进编写工作。至2023年11月，形成初稿。编写组将初稿送交镇有关领导和《大泗镇志》编纂委员会初审，以把好史实关，同时送区党史方志办公室审阅。其间，根据史料掌握情况对《大泗镇志》纲目进行了多次调整和增删。至2024年2月20日，稿件通过复审。同年4月25日，形成终审送审稿。5月20日，通过终审。7月12日，通过验收。在此基础上，为进一步提高志稿质量，区党史方志办公室明确由副主任卢峰担任《大泗镇志》“第一主笔”，从文字到图片、版式全面系统审改把关。志稿同时报南京出版社审改把关。

本志的编纂和出版得到了诸多部门、单位和个人的支持与帮助，特别是在资料征集方面，于淦林、于伯林、沈国强、于明存、常郭五、陆金生、钱维林、卞顺青等同志作出了很多的努力，在此，谨向所有参与本志编写以及为本志提供帮助和支持的单位和个人致以诚挚的谢意。限于学识、囿于闻见，书中错误和疏漏在所难免，恳请读者、方家批评指正，以匡不逮。

编者

2024年12月